Galileo
BIG PICTURES

BIG PICTURES

Spektakuläre Bilder und die unglaublichen Geschichten dahinter

riva

IMPRESSUM

Originalausgabe
1. Auflage 2016

Nymphenburger Straße 86, 80636 München
Tel.: +49 89 651285-0, Fax: +49 89 652096

Konzeption / Realisation:
TELLUS CORPORATE MEDIA GmbH
Hammerbrookstraße 93, 20097 Hamburg
Tel.: +49 40 280 868 0, Fax: +49 40 280 868 20
info@tellus-corporate-media.com
www.tellus-corporate-media.com

Geschäftsführung: Jan Gerds, Christian Siebert
Projektleitung: Kessy Suelzer
Redaktion: Sara Lisa Schäubli, Tina Janson
Artdirektion/Layout: Oliver Cole
Bildbearbeitung & Litho: Alphabeta GmbH, www.alphabeta.de

Druck: Firmengruppe APPL, aprinta Druck, Wemding
Printed in Germany

ISBN Print 978-3-86883-806-0

Weitere Informationen zum Verlag finden Sie unter:
www.rivaverlag.de
Besuchen Sie auch unsere weiteren Verlage unter:
www.muenchner-verlagsgruppe.de

Für Fragen und Anregungen: info@rivaverlag.de

Fotos Titel (von oben nach unten)
PICTURE ALLIANCE / AP PHOTO
PICTURE ALLIANCE / DPA / NASA
PICTURE ALLIANCE / DPA / GREEN RENAISSANCE / MICHAEL RAIMONDO
PICTURE ALLIANCE / ZB / HEINZ HIRNDORF
REUTERS / CHOR SOKUNTHEA
GETTY IMAGES / COVERED IMAGES / ASP / SEAN ROWLAND
PICTURE ALLIANCE / AP PHOTO /FOTOPRESS, ROSS LAND

Fotos Rückseite (von oben nach unten)
PICTURE ALLIANCE / AP PHOTO / FELIPE DANA
PICTURE ALLIANCE / DPA /IMAGINECHINA TAO GE
GETTY IMAGES / WAYNE R BILENDUKE
PICTURE ALLIANCE / AP PHOTO / JEFF WIDENER

Japan

Kunst zum Verzehr

In *Inakadate* im Norden Japans entsteht jeden Sommer ein atemberaubendes, bis zu 15.000 Quadratmeter großes Kunstwerk. Es wird jedoch nicht etwa gemalt, sondern besteht aus Reispflanzen. Die Reisbauern überlegen sich jedes Jahr ein anderes Motiv und pflanzen dann mithilfe einer Schablone verschiedene Reisarten in den entsprechenden Farbfeldern an. Reis wächst nämlich je nach Sorte in völlig unterschiedlichen Farben. Alles Weitere besorgt dann die Natur – ab August zeigt sich das Kunstwerk in voller Blüte. Die Idee hatte der Bürgermeister der Stadt vor über 20 Jahren, weil er mehr Touristen anlocken wollte. Die Rechnung ging auf: Jedes Jahr kommen etwa 200.000 Menschen, um das „Reiswerk" von dem eigens konstruierten 20 Meter hohen Aussichtsturm aus zu bewundern. Im Herbst wird die Pracht dann geerntet und verzehrt.

FOTO: GETTY IMAGES / FLICKR RM / GLENN WATERS

USA

Nächster Halt: Kaugummistraße

Ein Albtraum für jede Reinigungskraft: die „Bubblegum Alley" im kalifornischen Städtchen *San Luis Obispo.* Abertausende von Kaugummis kleben hier an den Wänden einer Gasse. Die Geschichte geht zurück in die 50er-Jahre. Eine Abschlussklasse verewigte sich das erste Mal mit ihren Kaugummis auf den Wänden. Der nächste Jahrgang probierte sie zu übertreffen. So wird das Kaugummikleben zur Tradition und 20 Jahre später sind die 4,5 Meter hohen Wände der 21 Meter langen Gasse vollgeklebt. In den 70er-Jahren werden die Wände zwei Mal gereinigt. Ohne Erfolg. Schnell sind sie wieder zugekleistert.

FOTO: GETTY IMAGES / THE IMAGE BANK / JORDAN SIEMENS

Foto: Paul Schirnhofer

Liebe Leserinnen, liebe Leser!

Herzlich willkommen in der Welt der großen Bilder!

Ich bin mir sicher – legendäre Klassiker werden Sie begeistern, Sie werden staunen über die Gewalt der Natur und die faszinierende Welt der Tiere – und der Anblick von dramatischen Ereignissen wird Ihnen Gänsehaut bereiten.

Die Bilder auf den folgenden Seiten erzählen besonders kuriose Geschichten, sie zeigen ungewöhnliche Freundschaften und porträtieren Menschen, die uns bewegen.

Machen Sie eine visuelle Zeitreise zu sportlichen Augenblicken, zu bedeutenden Zeitzeugen und begegnen Sie dem unaufhaltbaren Fortschritt.

Doch jetzt lassen wir die Bilder sprechen. Tauchen Sie mit uns ein in die großen Augenblicke und Geschichten dieser Welt.

Tauchen Sie mit uns ein in die Welt von GALILEO BIG PICTURES.

Ich wünsche Ihnen viel Spaß, Ihr

AIMAN ABDALLAH

14

LEGENDÄRE KLASSIKER

Bilder, die so stark sind, dass sie uns allen ins Gedächtnis gebrannt bleiben. Durch den Klick auf den Auslöser haben diese Momente die Welt verändert.

10

12

15

16

18

20

21

22

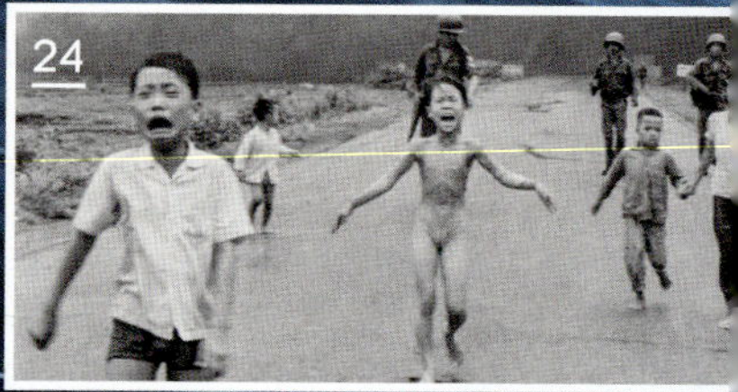

24

26

27

MÄCHTIGE NATUR

Naturfreunde fühlen sich beim Anblick dieser Bilder ganz wie zu Hause. Doch Vorsicht – Tsunamis gehören ebenso dazu wie das liebliche Mangroven-Herz.

28

30

32

34

36

38

40

41

42

44

46

ERSTAUNLICHE TIERWELT

Keine Angst, diese Tiere bleiben alle in ihren Rahmen. Doch meistens würde man sie doch am liebsten knuddeln – seien wir mal ehrlich.

54

48

50

52

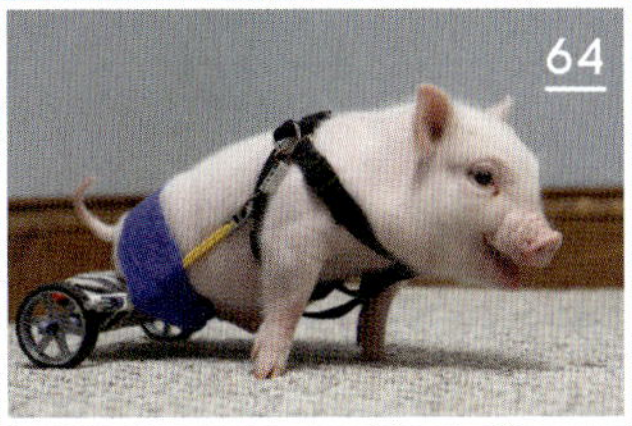

UNGEWÖHNLICHE FREUNDSCHAFTEN

Wer wünscht es sich nicht: beste Freunde fürs Leben. Doch bei manchen von unseren Paaren ist das gar nicht so einfach...

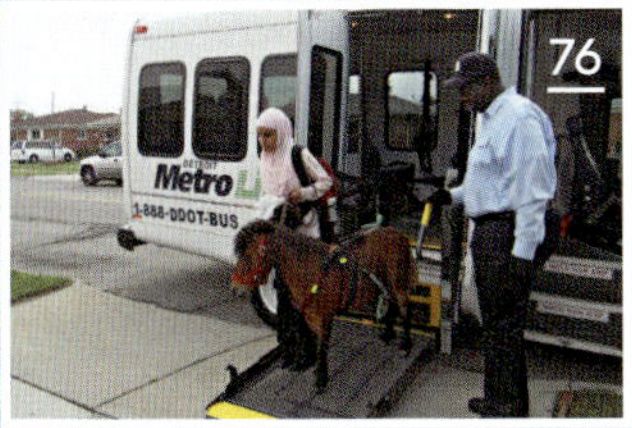

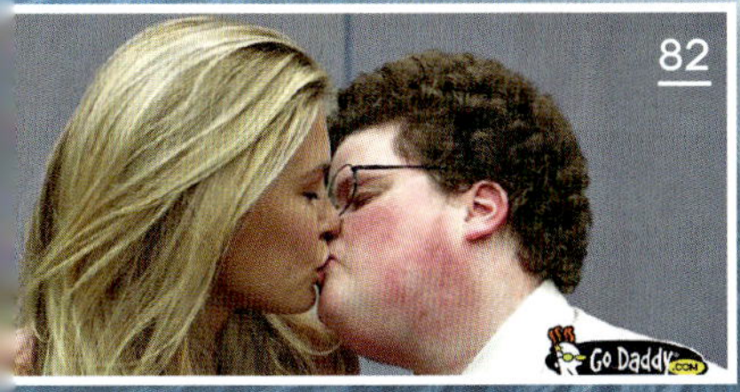

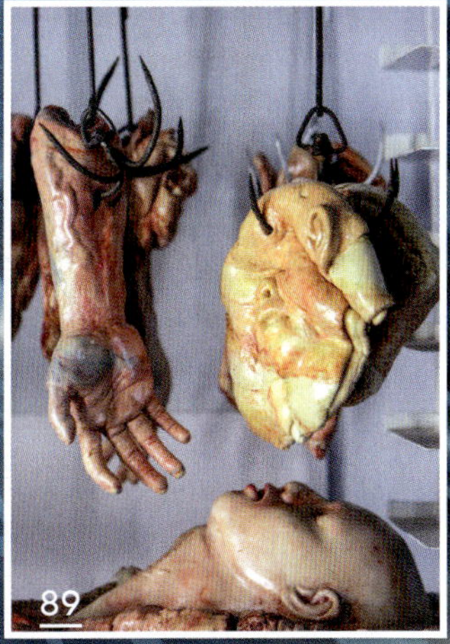

KURIOSE GESCHICHTEN

Bilder gewinnen mit der Geschichte dahinter noch an Wert. Unsere Exemplare überzeugen mit beidem: kraftvollem Vorder- und kuriosem Hintergrund.

BERÜHRENDE MENSCHEN

Sie faszinieren und berühren uns: unsere Mitmenschen. Mit ihrem Können, ihrem Mut und ihrer Verletzlichkeit sind sie uns immer ein Bild wert.

106

108

110

112

113

114

116

118

120

122

124

SPORTLICHE AUGENBLICKE

Viele dieser Momente im Sport existierten nur für einen Wimpernschlag. Dank der Kamera dürfen wir daran teilhaben.

126

128

129

130

132

137

138

134

136

140

DRAMATISCHE EREIGNISSE

Diese Bilder fingen oftmals das heikle Ringen zwischen Leben und Tod ein. Es sind Augenblicke, die uns eine Gänsehaut über den Rücken jagen.

142

144

146

148

150

152

154

155

156

158

UNAUFHALTSAMER FORTSCHRITT

Der Fortschritt zeigt sich nicht nur in Technik oder sozialen Netzwerken, sondern leider auch in Smog und Zerfall.

160

162

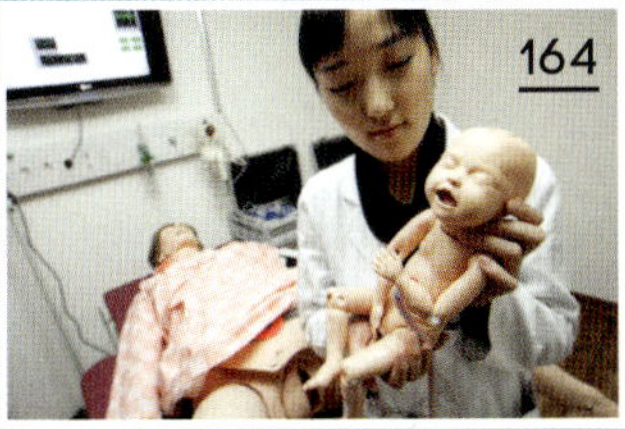
164

166

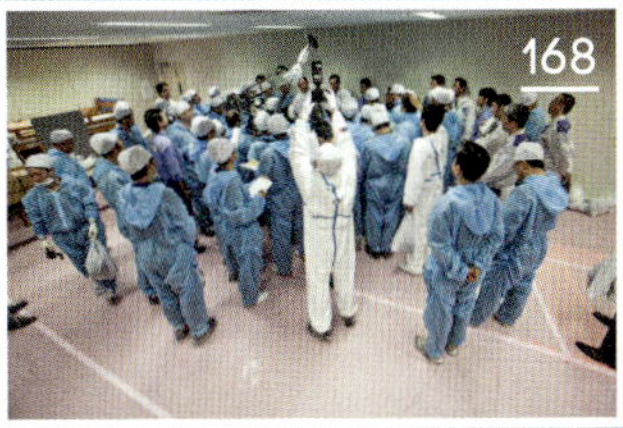
168

170

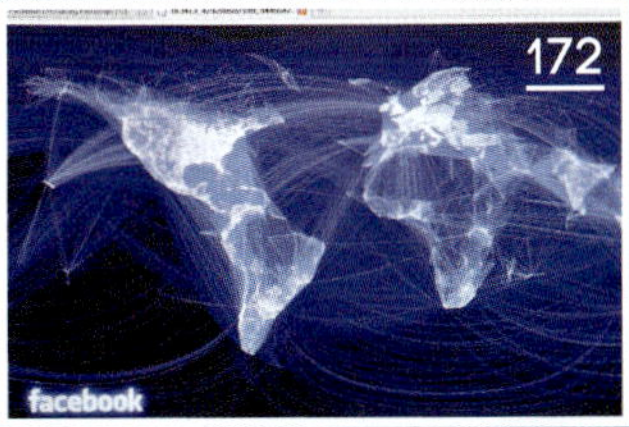

172

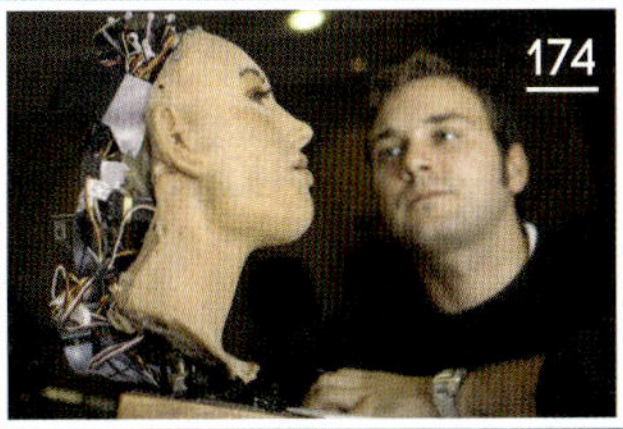
174

180

BEDEUTENDE ZEITZEUGEN

Diese visuellen Zeitzeugen haben neue Epochen eingeläutet, alte Zeiten greifbar gemacht und sind sogar Ikonen für eine ganze Generation geworden.

176

178

181

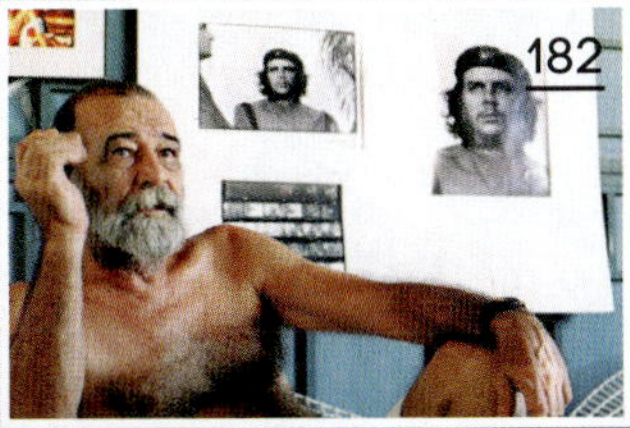
182

184

186

188

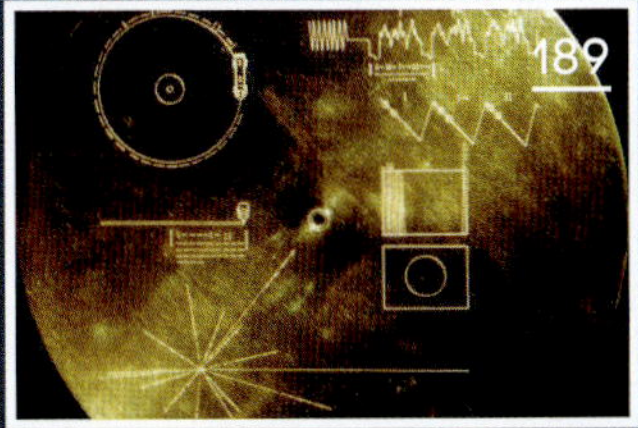
189

190

192

LEGENDÄRE KLASSIKER

Mond

Ein kleiner Schritt

... für einen Menschen, ein großer Sprung für die Menschheit. Über 600 Millionen Fernsehzuschauer verfolgen die erste Mondlandung am 21. Juli 1969. Was erst 1999 ein Reporter der *Los Angeles Times* aufdeckt: Für den Fall, dass das Wiederandocken der Mondlandefähre an das Kommandomodul nicht gelingen sollte, hat Präsident Nixon bereits drei Tage zuvor eine vorbereitete Trauerrede in seiner Schublade, mit der er sich an die Bevölkerung wenden will. Zum Glück kommt die Rede nicht zum Einsatz. Der Fußabdruck ist übrigens auch heute noch unverändert auf dem Mond zu sehen, da es dort keine Erosion durch Wind oder Wasser gibt.

FOTO: PICTURE ALLIANCE / DPA / NASA

USA

I have a dream

Die Demonstranten setzen große Erwartungen in die Rede des Bürgerrechtlers *Martin Luther King.* Am 28. August 1963 treten gut eine Viertelmillion Menschen am Lincoln Memorial in Washington für Gleichheit und Gerechtigkeit für Afroamerikaner ein. Doch die ersehnten Worte ihres Idols wirken steif und abgelesen. Als sich die Rede dem Ende zuneigt, ruft die Gospelsängerin Mahalia Jackson (rechts unten im Bild) Luther zu: „Erzähle ihnen von Deinem Traum!" Und das tut Martin Luther King! Ohne Manuskript, frei aus dem Herzen entsteht die weltbekannte Rede, die heute noch als Meisterwerk der Rhetorik gilt und deren Worte in die Geschichte eingegangen sind.

FOTO: PICTURE ALLIANCE / AP PHOTO

USA

Siegeskuss

Ein Matrose der US-Marine küsst auf dem *Times Square* in New York überschwänglich eine Krankenschwester. Doch die zwei sind kein Liebespaar. Der Kuss ist Ausdruck überbordender Freude. Denn der zweite Weltkrieg ist zu Ende! Japan hatte nach Deutschland kapituliert. Der Kuss am V-J Day (Victory over Japan Day) bleibt als Sieg über den Faschismus im kollektiven Gedächtnis.

FOTO: GETTY IMAGES / THE LIFE PICTURE COLLECTION / ALFRED EISENSTAEDT

Mexiko

Zwei Fäuste für einen Kampf

Die Siegerehrung zum 200-Meter-Lauf wird zu einem politischen Statement. Auf dem Podest bei den Olympischen Spielen 1968 stehen die Afroamerikaner *Tommie Smith* und *John Carlos* sowie der Australier *Peter Norman*. Smith und Carlos recken die schwarz behandschuhte Hand in die Höhe. Es ist das Zeichen der Black-Power-Bewegung, die sich für die Rechte der schwarzen Bevölkerung einsetzt. Der Kampf für Menschenrechte und gegen Rassismus entspricht auch Normans Idealen. Deswegen setzt auch er ein Statement mit einem Button für das Menschenrechtsprojekt. Alle drei Sportler werden für diese Aktion vom Olympischen Komitee gesperrt. Freunde bleiben sie jedoch fürs Leben.

FOTO: GETTY IMAGES / ROLLS PRESS / POPPERFOTO

Antarktis

Von der Natur besiegt

Der britische Polarforscher *Robert Scott* und der Norweger *Roald Amundsen* machen sich 1911 zur gleichen Zeit auf, um den Südpol zu erreichen. Während der Brite auf Ponys und moderne Schlitten setzt, entscheidet sich der Norweger für traditionelle Hundeschlitten. Ein erbittertes Wettrennen beginnt. Doch als das britische Expeditionsteam den Südpol erreicht, weht dort bereits die norwegische Flagge. Amundsen hat rund einen Monat vor ihnen das Ziel erreicht. Diese Niederlage raubt den Briten den letzten Lebenswillen. Das gesamte Team stirbt auf der Rückreise.

FOTO: GETTY IMAGES / POPPERFOTO

Russland

Weltraumpionier

Am 3. November 1957 tritt die 3-jährige Hündin *Laika* (dt. Kläffer) eine ungewöhnliche Reise an. Sie wird an Bord des Weltraumsatelliten „Sputnik 2“ als erstes Lebewesen in den Orbit katapultiert. In den Anfängen der Raumfahrt ist zu wenig erforscht, wie und ob Lebewesen im All überleben können. Daher starten die Russen mit einem Hund als „Versuchskaninchen“. Nur Stunden nach dem Start fehlt von Laika jedes Lebenszeichen. Erst 2002 wird bekannt, dass sie an Stress und Überhitzung starb, verursacht wohl durch eine defekte Wärmedämmung.

FOTO: PICTURE ALLIANCE / UNITED ARCHIVES / TOPFOTO

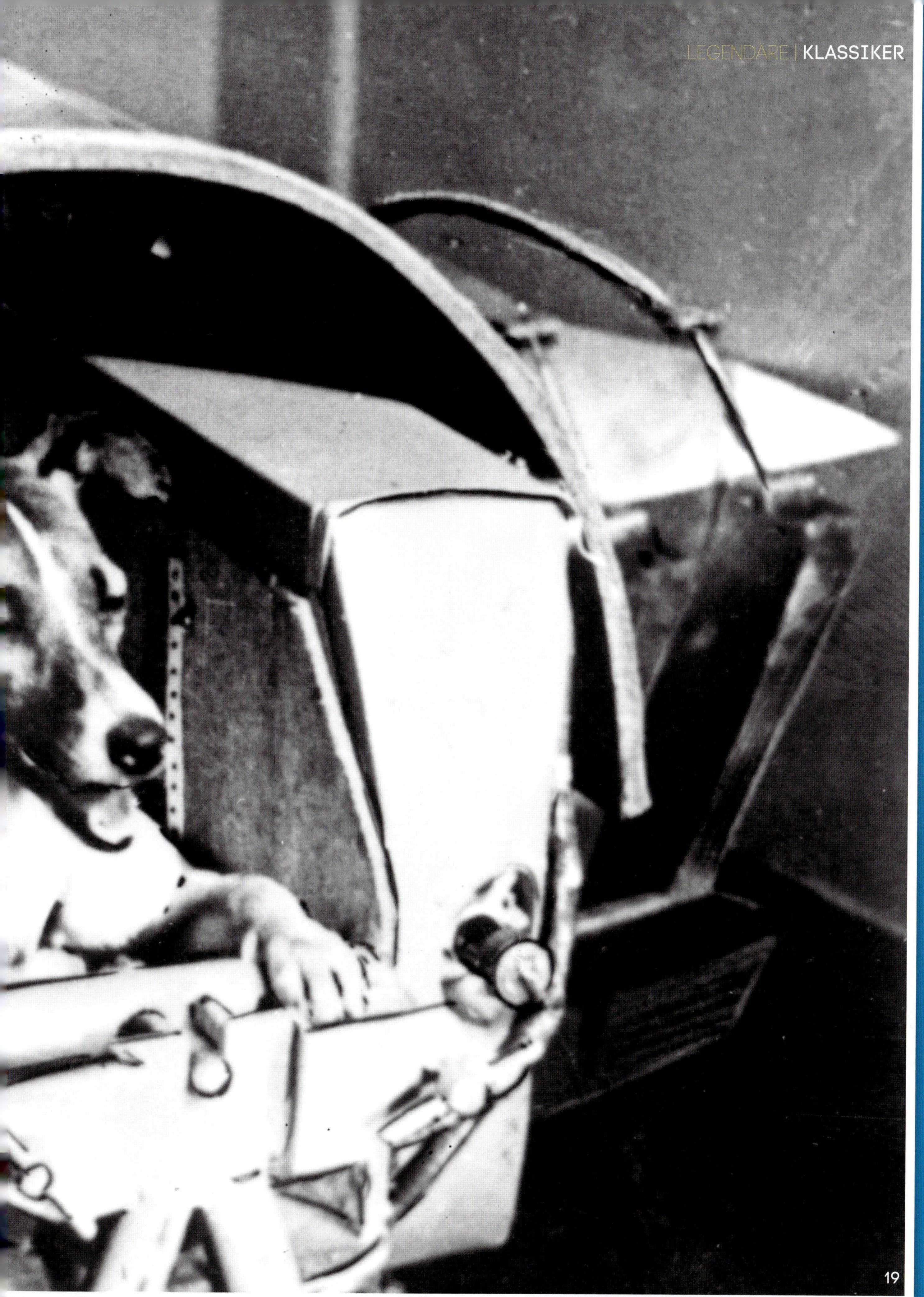

Jemen

Später Held

Das Flugzeug, das Pilot *Jürgen Schumann* am 13. Oktober 1977 startet, wird zum Schauplatz eines Albtraums. Vier palästinensische Terroristen entführen die Lufthansa-Maschine und drohen mit einer Sprengung, falls inhaftierte RAF-Mitglieder nicht freigelassen werden. Im Zuge der Entführung wird Schumann erschossen. Lange kursiert das Gerücht, dass ein Fluchtversuch der Grund hierfür ist. In Wahrheit beschützt er seine Passagiere. Er verlässt das Flugzeug, um einen möglichen Schaden am Fahrwerk zu überprüfen. Dieser hätte beim erneuten Start zum Absturz der Maschine führen können.

FOTO: PICTURE ALLIANCE / AP PHOTO / HARRY KOUNDAKJIAN

Deutschland

Spiele der Angst

Mit der *Olympiade 1972* in München wird Deutschland erstmals wieder Austragungsort der Olympischen Spiele, nachdem Hitler sie 1936 zu Propagandazwecken missbraucht hatte. Um nicht ansatzweise an die dunklen Zeiten zu erinnern, werden die Sicherheitsvorkehrungen bewusst locker gehalten. Polizisten patrouillieren unbewaffnet in Freizeitanzügen. Ein schwerwiegender Fehler, wie sich herausstellen soll. Acht Mitglieder der palästinensischen Terrororganisation *Schwarzer September* dringen in das Olympia-Dorf ein und nehmen elf Mitglieder des israelischen Teams als Geiseln. Dabei kommen zwei Sportler bei Fluchtversuchen zu Tode. Bei einer Befreiungsaktion tragen die Polizisten Trainingsanzüge, in der Hoffnung, so nicht von den Geiselnehmern erkannt zu werden. Der Plan scheitert, da die Berichterstattung diesen skurrilen Versuch verfolgt und den Terroristen die Bilder im Fernsehen gezeigt werden. Bei einem zweiten Befreiungsversuch müssen weitere neun Geiseln, fünf Geiselnehmer und ein Polizist ihr Leben lassen.

FOTO: PICTURE ALLIANCE / DPA / HORST OSSINGER

Russland

Jeder Zentimeter zählt

Der Eiserne Vorhang trennt im Frühling 1987 Ost- und Westeuropa. Nicht jedoch für den 19-jährigen Privatpiloten *Mathias Rust.* Der Deutsche chartert eine Cessna und fliegt von Hamburg über Island und Helsinki nach Moskau. Er dreht einige Runden über dem Roten Platz, bevor er auf einem etwa hundert Meter entfernten Busparkplatz landet. Mit seiner Aktion will Rust eine imaginäre Brücke zwischen Ost und West schlagen. Er wird vom Obersten Gerichtshof der Sowjetunion zu vier Jahren Freiheitsstrafe verurteilt, jedoch nach 14 Monaten begnadigt.

FOTO: PICTURE ALLIANCE / DPA / LEHTIKUVA OY PODD

Vietnam

Terror des Krieges

Die Grausamkeiten des Krieges vereint in einem Bild. Im Vietnam-Krieg kämpft der westlich angeführte Süden des Landes gegen den kommunistischen Norden. Am 8. Juni 1972 werfen südvietnamesische Truppen Napalm-Brandbomben auf ein Dorf ab, da sie dort feindliche Stellungen vermuten. Das damals neunjährige Mädchen *Phan Thi Kim Phùc* wird Opfer der Flammen. Die Kleider des Mädchens verbrennen an ihrem Körper. Mit starken Brandverletzungen an 30 Prozent ihres Körpers flieht sie aus dem Dorf. Der amerikanisch-vietnamesische Pressefotograf Nick Ut schießt dieses Foto, bevor er das Mädchen ins Krankenhaus bringt. Phan Thi Kim Phùc überlebt dank etlicher Operationen und Hauttransplantationen. Danach wird sie UNESCO-Botschafterin des guten Willens und setzt sich heute für medizinische und psychologische Hilfe für Kinderkriegsopfer ein. Nick Ut erhält 1973 für dieses Foto den Pulitzer-Preis.

FOTO: PICTURE ALLIANCE / AP PHOTO / NICK UT

China

Mensch gegen Maschine

Nicht nur in Deutschland gehen 1989 die Menschen auf die Straße. In Peking demonstrieren 200.000 Chinesen für mehr Demokratie, Pressefreiheit und Menschenrechte. Anders als in Deutschland werden die Aufstände vom Militär blutig niedergeschlagen. Dieser mutige Mann stoppt nur mit zwei Einkaufstüten bewaffnet unermüdlich die 17 Panzer, bevor er von Passanten aus der Gefahrenzone gezerrt wird. Niemand weiß, was aus ihm geworden ist, er geht jedoch unter dem Namen *„Tank Man"* als Symbol für zivilen Ungehorsam in die Zeitgeschichte ein.

FOTO: PICTURE ALLIANCE / AP PHOTO / JEFF WIDENER

Polen

Kniefall des Kanzlers

Der Kniefall des damaligen Bundeskanzlers *Willy Brandt* gilt als einer der bedeutendsten Momente der deutschen Nachkriegsgeschichte. Am 7. Dezember 1970 legt er in Polen am Mahnmal des Warschauer Ghettos einen Kranz nieder. 1940 wurde dort vom NS-Regime ein ganzer Stadtteil abgeriegelt und Hunderttausende Juden eingesperrt. Diejenigen, die nicht an Krankheit oder Hunger starben, wurden in Konzentrationslager verfrachtet. Anstatt wie üblich bei der Schweigeminute zu stehen, kniet sich Willy Brandt spontan nieder. Später sagt er, er habe mit dieser Geste im Namen des deutschen Volkes um Verzeihung bitten wollen.

FOTO: PICTURE ALLIANCE / AP PHOTO

MÄCHTIGE NATUR

Namibia

Wüste mit Sommersprossen

So schön der Name dieses Naturphänomens, so geheimnisvoll sein Ursprung. *„Feenkreise"* sind große, runde Kahlstellen, um die hohes Gras wächst. Tausende dieser Kreise zieren im Südwesten Afrikas die Savanne. Seit 40 Jahren streiten Wissenschaftler über deren Entstehung. Eine der neuesten Theorien besagt, dass die Pflanzen das Muster aufgrund von Wasserknappheit bilden. Vergleichbar mit dem Wachstum eines jungen Waldes stehen die Pflanzen anfangs eng zusammen. Mit der Zeit brauchen sie mehr Nährstoffe und müssen sich ausbreiten. In diesem Fall bilden sie mutmaßlich diese wunderschönen Feenkreise.

FOTO: PICTURE ALLIANCE / WILDLIFE / T. DRESSLER

Neukaledonien

Natürlich Liebe

Es ist kaum zu glauben, doch dieses Herz ist ohne menschlichen Einfluss entstanden. Es liegt in den Mangrovensümpfen von Neukaledonien, eine kleine zu Frankreich gehörende Inselgruppe im südlichen Pazifik. Wenn lange kein Regen fällt, dann verfärbt sich das Innere des Herzens gelblich. Bei Regen wachsen die Pflanzen nach, und das *„Herz von Voh“* strahlt grün. Das Naturphänomen wurde durch das Fotobuch „Die Erde von oben“ von Yann Arthus-Bertrand berühmt.

FOTO: PICTURE ALLIANCE / DPA / YANN ARTHUS-BERTRAND

Japan

Hoffnung kann Bäume versetzen

Nach dem Tsunami im Jahr 2011 ist in Japan nichts mehr, wie es einmal war. Im Dörfchen *Rikuzentakata* ruht nach der Katastrophe alle Hoffnung auf einer 250 Jahre alten Pinie. Nur sie überlebt aus einem Wald von 70.000 Bäumen die Wassermassen. Der Baum wird zum Symbol der Hoffnung und des Wiederaufbaus. Doch durch den Tsunami hat sich die Küste nach hinten verschoben, und die Pinie stirbt ein Jahr später, weil ihre Wurzeln im Salzwasser stehen. Die Japaner wollen ihre „Wunderpinie“ jedoch nicht aufgeben. Sie zerlegen den 27 Meter hohen Baum in neun Teile, konservieren sie und bauen ihn sicher wieder auf.

FOTO: GETTY IMAGES / AFP / TORU YAMANAKA

China

Wetter in der Unterwelt

Es wirkt wie eine Szene aus einem Science-Fiction-Film, doch der Ort existiert wirklich. Die *„Cloud Ladder Hall"* in China ist Teil eines riesigen Höhlensystems. Sie ist so groß, dass sie ihr eigenes Wettersystem hat. Die ganze Höhle ist durchzogen von Nebel und Wolken. Diese bilden sich, wenn die Feuchtigkeit vom Boden aufsteigt und sich im oberen Teil der Höhle abkühlt.

FOTO: GETTY IMAGES / NATIONAL GEOGRAPHIC / CARSTEN PETER

China

Algen statt Sand

Am Strand des chinesischen *Qingdao* graben sich die Badegäste oftmals nicht in Sand, sondern in grüne Algen ein. Die Küste ist fast jedes Jahr kilometerlang zugewachsen. Forscher sehen die Ursache in zu hohen Meerestemperaturen und massiver Wasserverschmutzung. Bei einer Reinigungsaktion rücken die Bewohner von Qingdao den Algen mit Fangnetzen, Baggern und Schaufeln zu Leibe. Über 20.000 Tonnen werden entsorgt. Ein Teil schafft es als Algenmenüs in den umliegenden Restaurants auf die Teller.

FOTO: GETTY IMAGES / AFP / STR

Philippinen

Die Kraft von Wasser und Asche

Die philippinische Insel *Luzon* ist ein perfektes Urlaubsparadies. Doch am 12. Juni 1991 erlebt es seinen schwärzesten Tag. Der Inselvulkan *Pinatubo* erwacht nach 611 Jahren aus seinem Tiefschlaf und schleudert seine Asche bis zu 34 Kilometer in die Luft. Die Aschewolke hat einen Umfang von 125.000 km². Das entspricht zirka zwei Mal der Größe von Bayern. Zeitgleich trifft der Taifun „Yunya“ die Küste von Luzon. Die Wassermengen vermischen sich mit der Asche. Das tödliche Resultat sind massive Schlamm- und Schuttströme, die 875 Menschen das Leben kosten. Überlebende fliehen als einsame Farbkleckse aus ihren Dörfern.

FOTO: LAIF / REPORTERS / WIM VAN CAPPELLEN

USA

Geysir im Garten

Mitten im Nirgendwo in Nevada auf einem Privatgrundstück steht der atemberaubend schöne *Fly Geysir.* Seine Existenz ist menschlichem Versagen geschuldet. In den 1960er-Jahren bohren Farmer nach Wasser und treffen eine heiße Quelle. Das Wasser ist für ihre Zwecke unbrauchbar, da zu heiß und voller Mineralien. Sie ziehen ab, ohne das Loch richtig zu stopfen. So entstehen über die Jahrzehnte diese bizarren Formen. Die Farben verdankt der Geysir Mikroorganismen und Warmwasseralgen. Das Beste für den Besitzer: Der Geysir versiegt nie! Das Wasser versickert, erhitzt sich und wird wieder ausgespuckt.

FOTO: WIKIPEDIA / JEREMY C. MUNNS

Mauretanien

Auge der Wüste

Nicht recht gesehen?! Auf einer Satellitenaufnahme der *Sahara* blickt uns ein Auge entgegen. Mit 40 Kilometern hat es einen imposanten Durchmesser. Forscher rätseln über seinen Ursprung. Die plausibelste Theorie ist, dass es durch Flüsse oder Seen entstanden ist, welche früher die Sahara durchzogen. Durch die Bewegungen des Wassers könnten die Krater gebildet worden sein. Das Gewässer ist ausgetrocknet, doch das Auge ermöglicht uns immer noch einen Blick in die Vergangenheit.

FOTO: GETTY IMAGES / UNIVERSAL IMAGES GROUP / PLANET OBSERVER

China

Fürs Abc bergauf

Diese Kinder müssen schwindelfrei sein. Und ihre Eltern brauchen gute Nerven. Der Schulweg führt jeden Morgen auf 40 Zentimeter schmalen Trampelpfaden bergauf. Während des Höhenmarsches tun sich 1.500 Meter tiefe Abgründe am Wegrand auf. Doch die Kinder von den abgelegenen Bauernhöfen nehmen diese Strapazen gerne auf sich. Die Alternative wäre, gar nicht lesen und schreiben zu lernen. 2014 waren 7,18 Prozent der Bevölkerung von *Sichuan* Analphabeten.

FOTO: PICTURE ALLIANCE / DPA / IMAGINECHINA TAO GE

Mond

Unsere Welt

Nur die Wenigsten unter uns haben die Möglichkeit, die Erde aus dieser Perspektive zu sehen. Der Astronaut *William Anders* aus der Crew der Apollo-8-Mission ist der Glückliche, dem dieses atemberaubende Foto am 24. Dezember 1968 gelingt. Es zeigt den Aufgang der Erde über den Horizont des Mondes. Das Foto mit dem Titel „Earth Rise“ gehört zu den meist veröffentlichten Fotos der Welt – zu Recht!

FOTO: GETTY IMAGES / THE LIFE PICTURE COLLECTION / NASA

Mexiko

Däumlinge in Kristallhöhle

An einem unscheinbaren Ort mitten in der Wüste von Mexiko liegt in 300 Meter Tiefe die *„Cuerva de los Cristales“*, die Kristallhöhle. Über hundert Säulen aus Selenit, einer transparenten Form von Gips, türmen sich dort. Sie messen bis zu 14 Metern und haben einen Durchmesser von bis zu einem Meter. Die Wissenschaftler, welche hier ihre Messungen durchführen, wirken daneben wie Spielzeugfiguren. Außerdem arbeiten sie unter erschwerten Bedingungen. Denn in der Höhle herrschen 50 Grad Celsius und eine Luftfeuchtigkeit von fast 100 Prozent. Selbst in einem mit Eiswürfeln gefüllten Schutzanzug kann ein Mensch sich nur 50 Minuten in der Höhle aufhalten.

FOTO: GETTY IMAGES / NATIONAL GEOGRAPHIC / SPELEORESEARCH & FILMS / CARSTEN PETER

ERSTAUNLICHE TIERWELT

Madagaskar

Bin doch schon groß

Beim Anblick dieses kleinen Chamäleons geraten Forscher auf der ganzen Welt in Verzückung. *„Brookesia micra“* ist das kleinste Chamäleon der Welt. Ausgewachsene Tiere werden gerade mal 24 Millimeter lang. Ein Tausendfüßler wirkt wie ein Riese dagegen. Die Kleinen leben im Laub und sind dafür perfekt getarnt, obwohl sie ihre Farbe nicht wechseln können. Ihr Lebensraum im Regenwald von Madagaskar ist jedoch durch Raubbau und Abholzung akut bedroht.

FOTO: FRANK GLAW

Neuseeland

Ungeschoren

Das *Schaf Shrek* erlangt internationale Berühmtheit, indem es sich sechs Jahre erfolgreich vor den Scheren seines Bauers versteckt. Das Merinoschaf büxt 2004 von seiner 11.000 Hektar großen Farm aus und treibt sich fortan in den Bergen der Südinsel herum. Bei seiner Ergreifung und der anschließenden Schur kommen 27 Kilogramm Wolle zusammen. Das Schaf muss 2011 auf Anraten eines Tierarztes wegen altersbedingter Gebrechen eingeschläfert werden. Mittlerweile hält das Schaf Chris aus Australien den Schur-Rekord. Es brachte stolze 40,45 Kilogramm Wolle auf die Waage.

FOTO: PICTURE ALLIANCE / AP PHOTO / FOTOPRESS, ROSS LAND

Italien

Luftballett

Innerhalb von Sekunden kann sich der Himmel durch einen *Starenschwarm* schwarz färben. Dann führen die Vögel ein spektakuläres Luftballett auf. Von Oktober bis Februar ist dieses wabernde Naturschauspiel über *Rom* zu beobachten. Circa vier Millionen Stare nennen die Stadt dann ihr Winterquartier. Mit den Flugformationen soll ihr natürlicher Feind, der Falke, irritiert werden. Er kann sich dann nicht mehr auf einen Vogel konzentrieren. Doch was der Touristen Freud, ist der Einheimischen Leid. Der Kot der Vögel macht weder vor parkenden Autos noch vor spazierenden Menschen Halt.

FOTO: GETTY IMAGES / AFP / FILIPPO MONTEFORTE

USA

Lebensretter Seelöwe

Der *Seelöwe* ist jedem *US-Soldat* eine Nasenlänge voraus. Er kann bis zu 30 Minuten die Luft anhalten, 300 Meter tief tauchen und 20 Kilometer pro Stunde schnell schwimmen. In San Diego in Kalifornien werden diese Fähigkeiten dazu eingesetzt, um Minen zu entschärfen. Seelöwen sind von Natur aus neugierige Wesen und kennen den Lebensraum Meer wie ihr eigenes Fell. Somit wissen sie auch, wenn da etwas nicht hingehört. In einer mehrjährigen Ausbildung trainieren sie, Übungsminen mit Haken zu markieren. Auch im Ernstfall besteht jedoch keine Gefahr für die Tiere, denn Unterwasserminen sind so konstruiert, dass sie nur durch große Schiffe zur Detonation gebracht werden können und nicht durch Meeressäuger.

FOTO: GETTY IMAGES / BARCROFT MEDIA / US NAVY

Kongo

Schönste Hauptsache der Welt

Die *Bonobo-Affen* sind die Hippies des Tierreichs. Bei ihnen werden Streitereien nicht mit Gewalt, sondern mit Liebe ausgetragen. Die Zwergaffen, welche zu 99,4 Prozent das gleiche Erbgut besitzen wie wir Menschen, haben alle 90 Minuten Sex. Und das in allen denkbaren Konstellationen: Männchen mit Weibchen, Weibchen mit Weibchen und Männchen mit Männchen. Ganz nach dem Motto: Make love not war!

FOTO: PICTURE ALLIANCE / WILDLIFE / M. HARVEY

China

Perfekte Tarnung

Was aussieht wie ein zusammengerollter Tannenzapfen, ist in Wirklichkeit sehr lebendig. Es ist das Tannenzapfentier. Es lebt in den tropischen Gebieten Asiens und Afrikas und ernährt sich ausschließlich von Insekten. Daher hat es auch keine Zähne, sondern nur eine extrem lange Zunge. Sein Körper ist mit einem stacheligen Schuppenkleid bedeckt, das in etwa ein Drittel seines Körpergewichts ausmacht. Das Schuppenkleid ist für das Tier gleichzeitig Fluch und Segen. Einerseits bietet es ihm Schutz vor Feinden. Andererseits aber ist das Tannenzapfentier genau deshalb vom Aussterben bedroht. Die Chinesen glauben nämlich, dass seine Schuppen heilende Wirkung haben, und jagen das Tierchen. Daher ist zu hoffen, dass sich alle Tiere so gut tarnen wie das Exemplar auf diesem Foto.

FOTOS: GETTY IMAGES / GALLO IMAGES / NIGEL DENNIS

USA

Zahlenliebende Zikaden

Wie eine biblische Plage fallen alle *17 Jahre* Millionen von *Zikaden* über östliche Teile der USA her. Nur Stunden nach dem Schlüpfen befreien sich die Tierchen von ihrer alten Hülle und werden zu fliegenden Insekten. Denn sie haben nicht viel Zeit. Ihr Leben über Tage dauert nur schmale vier Wochen, die zur Paarung genutzt werden. Die Zikaden sind dank ihres genetischen Programms auf 17 Jahre geeicht. Forscher haben auch den Grund für den spezifischen Zyklus herausgefunden. 17 ist eine Primzahl und nur durch sich selbst und durch eins teilbar. Potenzielle Feinde treten aber im Zwei-, Vier- oder Sechs-Jahres-Rhythmus auf und können sich so nicht auf den außergewöhnlichen Lebenszyklus der Zikaden einstellen.

FOTO: GETTY IMAGES / VISUALS UNLIMITED INC. / JOE MCDONALD

Marokko

Sportliche Helfer

In Marokko stehen *Ziegen* auf den Bäumen. Nicht weil sie geärgert werden, sondern weil da *leckere Früchte* wachsen, für die die Ziegen sogar auf Bäume klettern. Und der Mensch profitiert auch noch davon. Aus den Kernen der Früchte wird das kostbare Arganöl gewonnen. Ihm wird eine entgiftende und antibakterielle Wirkung nachgesagt. Einziger Haken: Der Baum ist mit stacheligen Dornen übersät, die Ernte ist äußerst mühsam. Daher sind die Ölbauern für die tierische Unterstützung dankbar. Die Ziegen steigen mit ihren starken Hufen hoch, fressen die Früchte und scheiden die Kerne mit dem Kot wieder aus. Die Ziegenbauern brauchen die Kerne nur noch einzusammeln und zu Öl verarbeiten. Das Öl wird von Hand gepresst und ist aufgrund der aufwendigen Gewinnung so teuer wie Trüffel.

FOTO: GETTY IMAGES / NORDIC PHOTOS / BJØRN WIKLANDER

USA

Bei Fuß!

Für manche eine ekelhafte Vorstellung, für andere Teil der Beautypflege. *Fischpediküre* ist ein Trend aus den USA. Dabei knabbern *„Rötliche Saugbarben"*, die zur Familie der Karpfen gehören, überschüssige Hornhaut von den Füßen. Nach nur 15 Minuten soll man streichelzarte Füße haben. Da die Fische aus sehr warmen und dementsprechend nährstoffarmen Gewässern stammen, haben sie gelernt, Nahrung durch das Abweiden von algenbewachsenen Steinen zu suchen. Ohne Scheu schwimmen sie daher auch auf Menschen zu und knabbern ihre aufgeweichten Hautzellen ab.

FOTO: GETTY IMAGES / NATIONAL GEOGRAPHIC / JASON EDWARDS

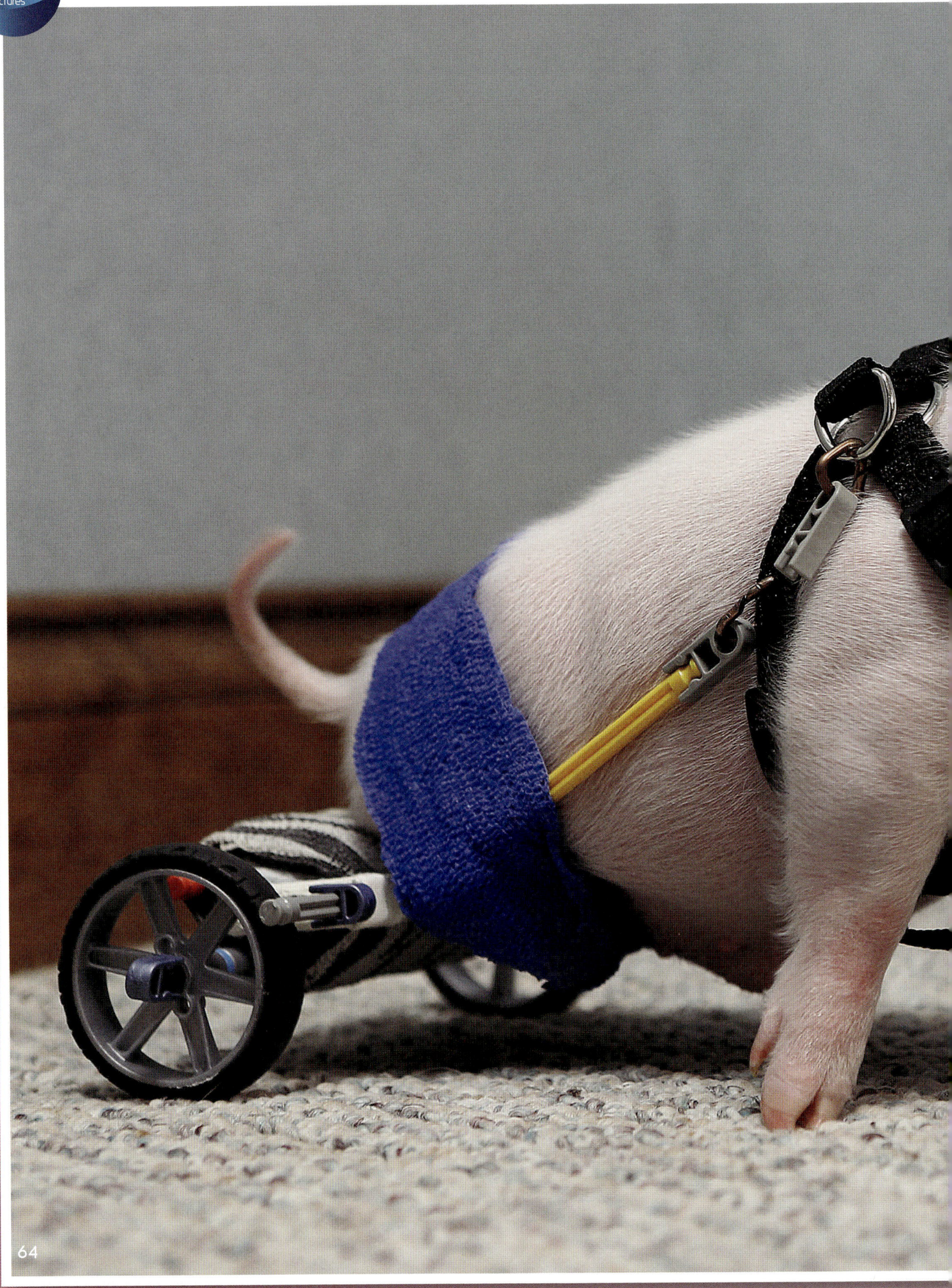

USA

Aber bitte mit Rädern

Das Schweinchen *Chris P. Bacon* wird mit verkrüppelten Hinterläufen geboren. Sein ursprünglicher Besitzer geht mit ihm zum Tierarzt in der Sorge, es einschläfern zu müssen. Doch der Tierarzt *Len Lucero* hat eine andere Idee. Er nimmt Chris mit auf seinen Hof und baut ihm dort aus Kinderspielzeug einen Rollstuhl. Denn in diesem Fall gilt: Ist das Schweinchen glücklich, ist es das Herrchen auch.

FOTO: PICTURE ALLIANCE / ZUMAPRESS / TOM BENITEZ

Kanada

Wind der Rettung

Im Januar 2013 finden die Anwohner des kleinen Dorfes *Inukjuak* an der Hudson Bay eine Herde mit zwölf im Eis eingeschlossenen *Orca-Walen*. Die einzige Luftquelle für die Meeressäuger ist ein drei mal drei Meter großes Loch im Eis. Immer wieder tauchen sie mit ihrem Kopf nach oben, um Luft zu schnappen. Eine warme Meeresströmung muss die Tiere in die Irre gelockt haben, das offene Meer ist 25 Meter entfernt und für die Tiere unerreichbar. Nun sitzen sie unter der sich schließenden Eisdecke fest und drohen zu ersticken. Rettung scheint unmöglich. Als die Dorfbewohner am nächsten Morgen wiederkommen, ist jedoch ein Wunder geschehen. Der Wind hat über Nacht gedreht, wärmere Luft hat die Eisdecke aufgebrochen und die Orca-Herde ist ihrem eisigen Grab entkommen. Ganz Kanada feiert die Befreiung der Tiere.

FOTO: PICTURE ALLIANCE / AP PHOTO / MARINA LACASSE

UNGEWÖHNLICHE FREUNDSCHAFTEN

Kambodscha

Kuscheln extrem

Der kleine *Sambat* kuschelt mit seinem Haustier. Eigentlich ganz normal – wenn sein Schmusetier nicht eine fünf Meter lange Python wäre. Ausgewachsene Pythons können eine ganze Antilope mit einem Biss verschlingen, da ihre Ober- und Unterkiefer nicht zusammen hängen und die Haut extrem elastisch ist. Eigentlich wäre der Junge für seine Schlange also nur eine Vorspeise. Sambat und seine Eltern aber haben keine Angst. Die Schlange lebt schon seit Geburt des Jungen mit ihnen, und Sambat glaubt, dass er in einem früheren Leben mit seinem Haustier verheiratet war.

FOTO: REUTERS / CHOR SOKUNTHEA

Kuba

Agentin mit Herz

Die Lebensgeschichte der Deutsch-Amerikanerin *Marita Lorenz* bietet Stoff für etliche Hollywood-Filme. Geboren 1939 in Bremen, verbringt sie einige Jahre ihrer Kindheit in einem Konzentrationslager. 1959 macht sie eine Karibik-Kreuzfahrt, auf der sie *Fidel Castro* kennenlernt (Foto). Es ist bei beiden Liebe auf den ersten Blick. Marita wird seine Geliebte und wohnt mit ihm zusammen in Havanna. Nachdem die Beziehung unter ungeklärten Umständen endet, wird sie vom CIA als Agentin rekrutiert. 1960 soll sie Fidel Castro in deren Auftrag töten. Bei dem arrangierten Treffen bringt sie es jedoch nicht übers Herz. Heute lebt Marita in Maryland in den USA.

FOTO: PICTURE ALLIANCE / AP PHOTO

Australien

Und täglich heiratet das Murmeltier ...

Denise und Mark Duffield-Thomas sind professionelle Ja-Sager. Im Auftrag einer irischen Hochzeitsagentur jetten die beiden Frischvermählten 2010 ein Jahr lang um die Welt und testen Hochzeiten. Insgesamt 85 Mal wiederholen sie ihr Ehegelübde. Dabei reisen sie von New York über Mauritius nach Australien und zurück nach Irland. Sie heiraten romantisch auf einem Schloß, traditionell in einer Beduinenzeremonie in der Wüste oder total verrückt auf einer Wasserrutsche – Flitterwochen immer inklusive. Einzige Bedingung: Sie müssen über die Trauungen bloggen und sie bewerten. Für die beiden kein Schlag ins Wasser!

FOTO: GETTY IMAGES / MARK METCALFE

Philippinen

Rührende Freundschaft

Als die neunjährige Dina fast von einem Motorradfahrer überfahren wird, wirft sich ihre Hündin *Kabang* dazwischen und rettet ihrem kleinen Frauchen das Leben. Dabei gerät ihre Schnauze in die Speichen und wird abgetrennt. Wie durch ein Wunder überlebt Kabang, hat aber eine offene Wunde im Gesicht, die sich zu entzünden droht. Eine Krankenschwester aus Buffalo hört die rührende Geschichte und organisiert eine Online-Spendenaktion. Über 20.000 US-Dollar kommen zusammen, und so kann die Hündin in Kalifornien operiert werden. Dort wird die Wunde geschlossen und die Nasenlöcher rekonstruiert. Bei der Rückkehr zu ihrer Familie auf den Philippinen wird Kabang vom ganzen Dorf als Heldin gefeiert.

FOTO: PICTURE ALLIANCE / AP PHOTO / UC DAVIS / ANTON LIM

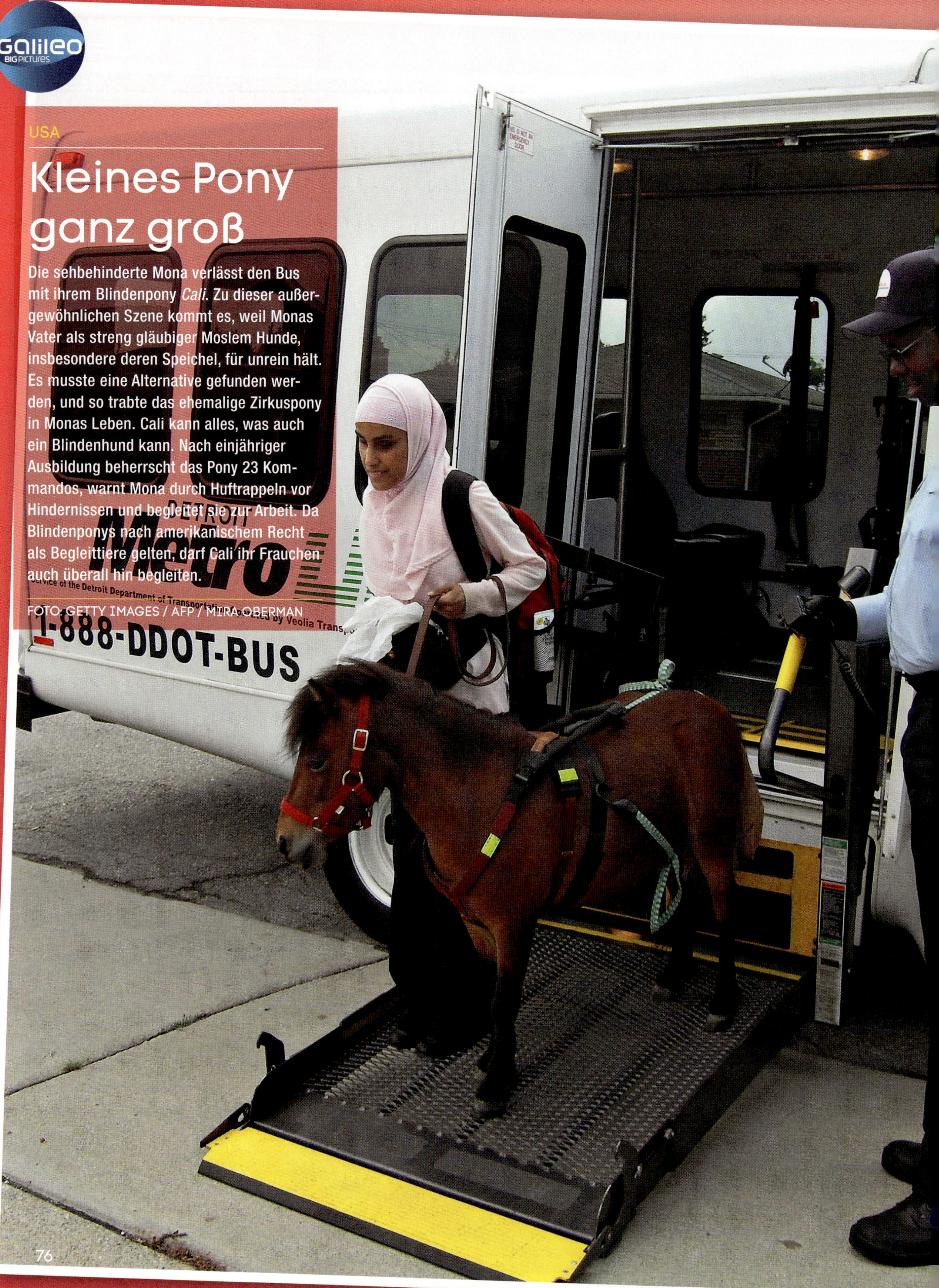

USA

Kleines Pony ganz groß

Die sehbehinderte Mona verlässt den Bus mit ihrem Blindenpony *Cali*. Zu dieser außergewöhnlichen Szene kommt es, weil Monas Vater als streng gläubiger Moslem Hunde, insbesondere deren Speichel, für unrein hält. Es musste eine Alternative gefunden werden, und so trabte das ehemalige Zirkuspony in Monas Leben. Cali kann alles, was auch ein Blindenhund kann. Nach einjähriger Ausbildung beherrscht das Pony 23 Kommandos, warnt Mona durch Huftrappeln vor Hindernissen und begleitet sie zur Arbeit. Da Blindenponys nach amerikanischem Recht als Begleittiere gelten, darf Cali ihr Frauchen auch überall hin begleiten.

FOTO: GETTY IMAGES / AFP / MIRA OBERMAN

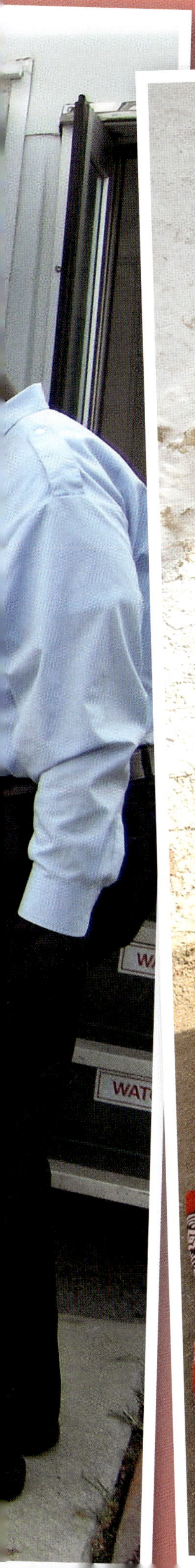

Indien

We are family

Die *Bishnoi* sind eine indische Glaubensgemeinschaft und leben größtenteils in der Wüste Thar im absoluten Einklang mit der Natur. Bishnoi bedeutet „29“, der Name stammt von 29 spirituellen Geboten, die Sektengründer Guru Jambheshwar vor über 500 Jahren aufstellte. Diese predigen einen respektvollen Umgang mit der gesamten Schöpfung. Für die Bishnoi ist die ganze Welt eine Einheit, in der Menschen, Tiere und Pflanzen eine Familie sind. Niemals würde ein Bishnoi Fleisch essen, einen Baum fällen oder ein Insekt töten. Für eine Frau der Bishnoi ist es daher völlig selbstverständlich, schwache oder verwaiste Tiere wie ihr eigenes Kind aufzuziehen und auch zu stillen.

FOTO: PICTURE ALLIANCE / DINODIA

USA

Gestatten, Mr. Digby!

Geboren in Italien, adoptiert in Paris und wohnhaft in New York. Und er jettet um die Welt mit eigenem Reisepass. Körpergröße, so steht in dem offiziellen Dokument, 43 Zentimeter. Denn *Mr. Digby* ist eine Puppe. Seit die Amerikaner *Mark Kirby* und *A.J. Sapolnick* sie auf einem Flohmarkt entdeckt haben, behandeln sie diese wie ihren eigenen Sohn. Mr. Digby begleitet die beiden auch auf ihren zahlreichen Reisen rund um den Globus, daher wollen sie für ihn auch einen richtigen Reisepass haben. Da die US-Behörden ohne Geburtsurkunde nicht bereit sind, das Dokument auszustellen, wenden sie sich an die südafrikanischen Behörden. Die zeigen mehr Entgegenkommen (siehe unten). Väter und Sohn treten übrigens auch im Ausland immer im Partnerlook auf.

FOTOS: GETTY IMAGES / BARCROFT MEDIA / JAMES AMBLER

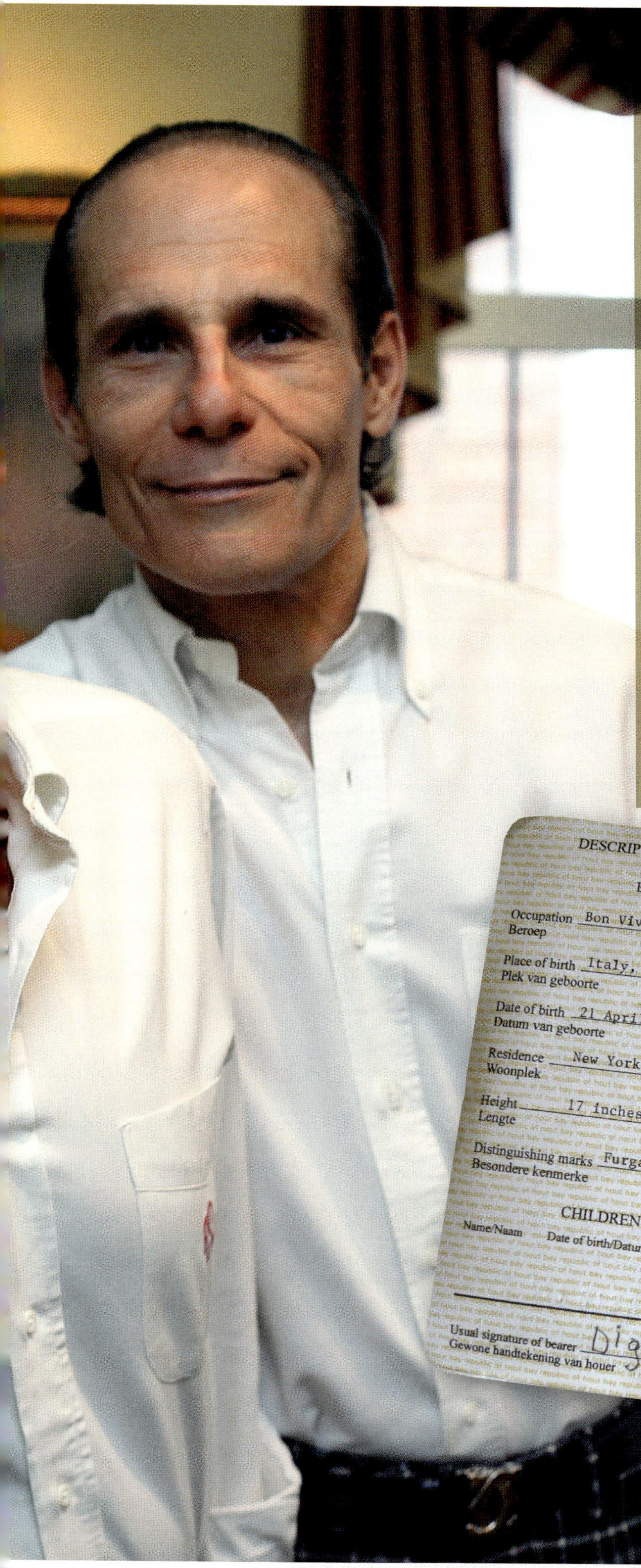

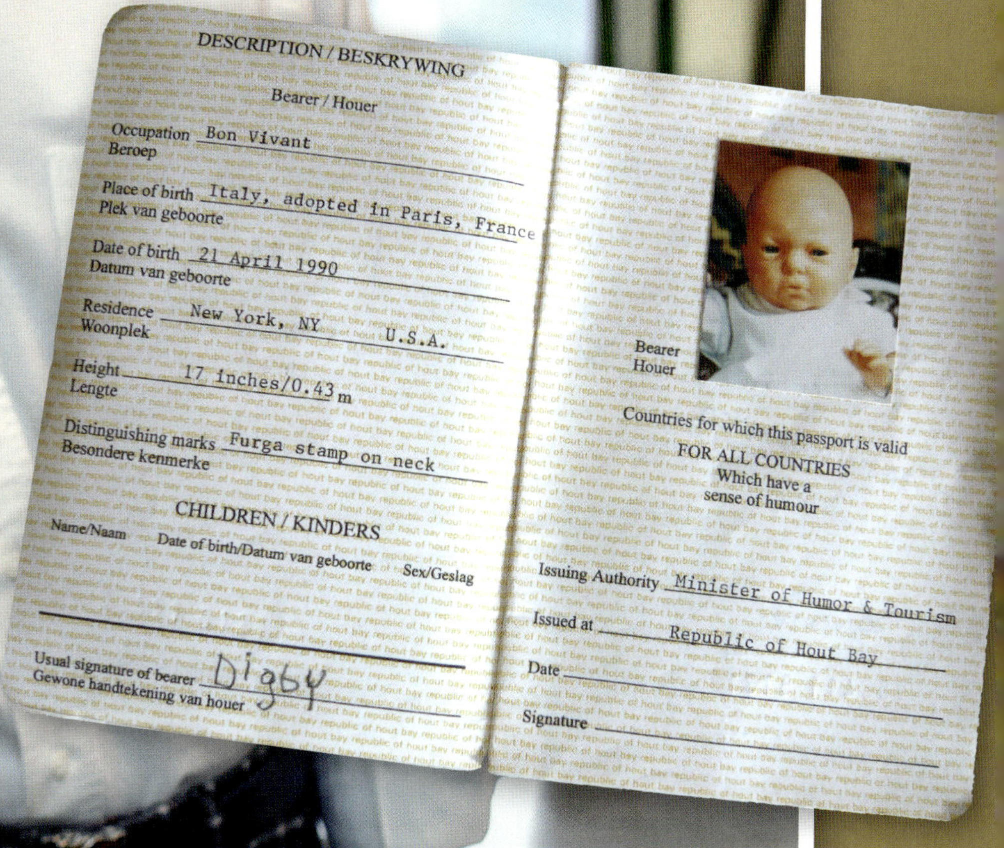

DESCRIPTION / BESKRYWING

Bearer / Houer

Occupation / Beroep: Bon Vivant

Place of birth / Plek van geboorte: Italy, adopted in Paris, France

Date of birth / Datum van geboorte: 21 April 1990

Residence / Woonplek: New York, NY U.S.A.

Height / Lengte: 17 inches/0.43 m

Distinguishing marks / Besondere kenmerke: Furga stamp on neck

CHILDREN / KINDERS

Name/Naam — Date of birth/Datum van geboorte — Sex/Geslag

Usual signature of bearer / Gewone handtekening van houer: Digby

Bearer / Houer

Countries for which this passport is valid

FOR ALL COUNTRIES
Which have a
sense of humour

Issuing Authority: Minister of Humor & Tourism

Issued at: Republic of Hout Bay

Date

Signature

Deutschland

Der mit dem Wolf frisst

Wolfsforscher *Werner Freund* teilt sich ein Reh mit einem Wolfsrudel. Der Grund für sein außergewöhnliches Verhalten liegt in der ausgeprägten Rudelhierarchie der Tiere. Indem er als Erster an der Beute reißt, zeigt er den Wölfen, dass er der Oberwolf des Rudels ist. So wird er nicht von ihnen angegriffen. Das ermöglicht ihm, das Verhalten der Wölfe auch innerhalb ihres Geheges zu erforschen. Die meisten seiner Kollegen beobachten die Jagdtiere nur von außen. Werner Freund baut mit seiner Frau Erika den Wolfspark in Merzig im Saarland auf. Ihm verdankt der Ort den Namen „Stadt der Wölfe". Freund stirbt 2014 mit 80 Jahren.

FOTO: PICTURE ALLIANCE / DPA / FELIPPE RIEDINGER

USA

Der Froschkönig

Von Frauen umschwärmt, von Männern beneidet: Über Nacht wird *Jesse Heiman* weltberühmt. Lange schon ist er einer der gefragtesten Statisten Hollywoods. In zahlreichen Filmen und Serien spielt er den trotteligen Nerd. Dann bekommt er ein Engagement für einen Werbespot des Webhosters godaddy.com, in dem er eine Kussszene mit *Bar Refaeli* drehen soll. Weil er so nervös ist, muss der Dreh 60 Mal wiederholt werden. Der Werbespot wird zum ersten Mal in der Pause des Superball-Finales vor 800 Millionen Zuschauern ausgestrahlt. Danach kennt ihn die ganze Welt.

FOTO: PICTURE ALLIANCE / ABACA / GODADDY.COM

Kanada

Ziemlich beste Freunde

In *Churchill* an der Hudson Bay ereignet sich alljährlich ein kleines Wunder. Eisbären auf dem Weg in ihre Winterjagdgründe besuchen eine Husky-Aufzuchtstation. Statt die Hunde als natürliche Beute anzugreifen, tollen sie mit ihnen herum. Aus Feinden wurden Freunde, die Eisbären kommen jedes Jahr wieder. Warum, weiß niemand so genau. Vermutlich haben die schlauen Bären gelernt, dass ihnen der Hundezüchter ab und zu Futter gibt – aber natürlich nur, solange sie friedlich bleiben.

FOTO: GETTY IMAGES / WAYNE R BILENDUKE

KURIOSE GESCHICHTEN

Südafrika

Fly, Robin – äh Rhino, fly

Eine spektakuläre Umzugsaktion erleben 19 *Spitzmaulnashörner.* Mittels eines Helikopters an einem Seil schwebend werden die Tiere mit je 2.000 Kilogramm Gewicht vom WWF in ein geschütztes Reservat gebracht. Die seltenen Nashörner stehen in Südafrika immer noch auf der Abschussliste von Wilderern, die es vor allem auf die Nasenspitzen der Kolosse abgesehen haben. Aus diesen werden Medikamente gewonnen, die angeblich gegen Krebs und bei Potenzproblemen helfen sollen.

FOTO: PICTURE ALLIANCE / DPA / GREEN RENAISSANCE / MICHAEL RAIMONDO

USA

Bis dass der Tod sie scheidet

Manchmal kommt eine Scheidung einer Befreiung gleich. Diesen Absatzmarkt haben Konditoreien, vor allem in den USA, nun für sich entdeckt. Sie bieten neben den klassischen Hochzeitstorten auch *Scheidungstorten* mit den passenden Motiven an. Wahlweise wird der Gatte ermordet, mit dem Müll entsorgt oder als Bettvorleger missbraucht. Schließlich stellt auch eine Scheidung den Beginn eines neuen Lebensabschnitts dar, der gebührend gefeiert werden muss.

FOTO: GETTY IMAGES / WIREIMAGE / DENISE TRUSCELLO

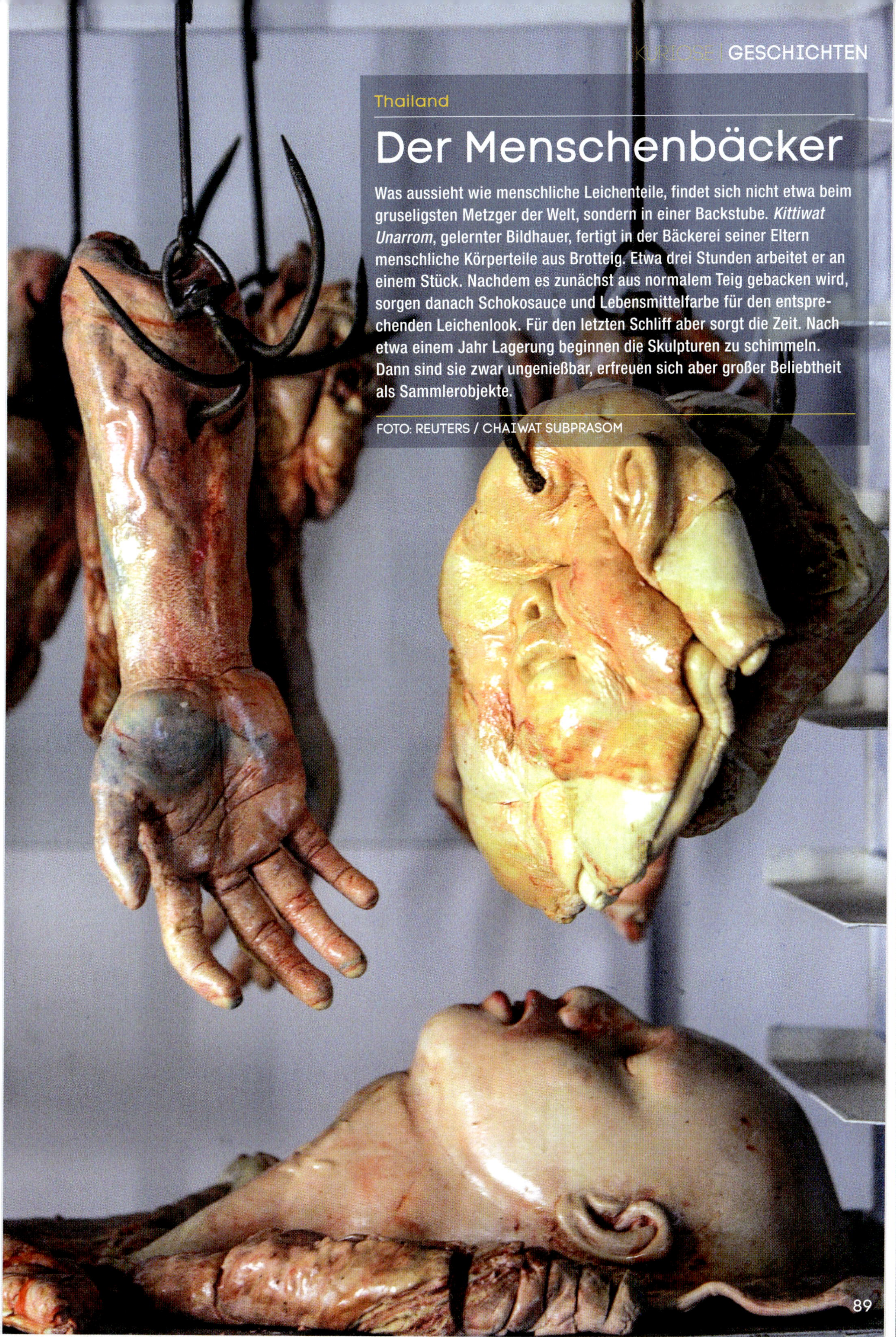

Thailand

Der Menschenbäcker

Was aussieht wie menschliche Leichenteile, findet sich nicht etwa beim gruseligsten Metzger der Welt, sondern in einer Backstube. *Kittiwat Unarrom*, gelernter Bildhauer, fertigt in der Bäckerei seiner Eltern menschliche Körperteile aus Brotteig. Etwa drei Stunden arbeitet er an einem Stück. Nachdem es zunächst aus normalem Teig gebacken wird, sorgen danach Schokosauce und Lebensmittelfarbe für den entsprechenden Leichenlook. Für den letzten Schliff aber sorgt die Zeit. Nach etwa einem Jahr Lagerung beginnen die Skulpturen zu schimmeln. Dann sind sie zwar ungenießbar, erfreuen sich aber großer Beliebtheit als Sammlerobjekte.

FOTO: REUTERS / CHAIWAT SUBPRASOM

Deutschland

Die kleinsten Pferde der Welt?

Unglaublich! Sind diese Pferde noch kleiner als das argentinische Zwergpony? Denn selbst das würde mit einem Stockmaß von 38 Zentimetern niemals mit Kopf und Hals unter einen gewöhnlichen Stuhl mit 42 Zentimeter Sitzhöhe passen. Nein, *Familie Braun,* Hobbyreiter und Berufsschreiner, hat eine geniale Idee. Auf der Suche nach einem Schattenplatz für ihre Pferde beschließen sie, ihnen einen ganz besonderen Unterstand zu zimmern. Der Riesentisch hat eine Höhe von vier Metern, und man müsste schon acht Meter groß sein, um gemütlich auf einem der Stühle daran sitzen zu können. Dieser Wetterschutz sieht nicht nur toll aus, er hat auch einen enormen Vorteil: In Deutschland ist der Bau eines normalen Unterstandes mit zahlreichen behördlichen Auflagen wie Blitzableiter, Regenrinnen etc. verbunden. Aber ein Tisch ist ein Tisch ist ein Tisch ...

FOTO: PICTURE ALLIANCE / ZB / HEINZ HIRNDORF

Argentinien

Die Natur gewinnt

Im Süden Argentiniens liegt die versunkene Stadt *Epecuén*, einst eine wegen ihres salzhaltigen Sees blühende Kurstadt. Bereits seit 1930 droht der See wegen großer Dürre auszutrocknen, sodass der Tourismus zu leiden beginnt. Daher baut man 1975 einen Kanal, der den See mit Wasser aus höherliegenden Seen versorgt. Zunächst geht das Konzept auf, das Wasser fließt, und die Kurgäste kommen. Dann lässt heftiger Regen Anfang der 1980er-Jahre den Pegel so heftig steigen, dass 1993 die Stadt 10 Meter unter Wasser steht. Bis heute sinkt der Pegel nur langsam und lässt die salzverkrusteten Ruinen an die Wasseroberfläche kommen. Die Natur hat den Übermut der Menschen besiegt.

FOTO: GETTY IMAGES / AFP / JUAN MABROMATA

Thailand

Au Backe!

Diese jungen Männer sind von Geistern besessen. Während des neuntägigen Vegetarierfestes im Oktober dürfen die Gläubigen auf *Phuket* weder Fleisch essen noch Alkohol trinken. Die jungen Männer hier, die sich „Mah Song“, Pferde der Götter, nennen, gehen noch einen Schritt weiter. Um die Gemeinschaft von schlechtem Karma zu befreien, rammen sie sich Gegenstände durch die Wangen. Dann ergreift der Geist von ihnen Besitz und leitet alle negativen Energien ab. Währenddessen sind sie in tiefer Trance, sodass sie während der etwa zweistündigen Zeremonie keine Schmerzen empfinden.

FOTO: GETTY IMAGES / AFP / THADILOK KONGJIA

ANIMAL
HOSPITAL

Japan

Absurde Übung

Im *Tokioter Zoo* werden die Besucher einmal im Jahr Zeuge einer ganz besonderen und durchaus ernst gemeinten Sicherheitsübung. Um die erforderlichen Maßnahmen bei dem eventuellen Ausbruch eines Tieres zu simulieren, muss sich immer der neueste Mitarbeiter des Zoos als Tier verkleiden, hier als Zebra. Dieser versucht nun, den anrückenden Zoowärtern zu entkommen oder sie anzugreifen. Die Übung endet mit dem Abfeuern eines Betäubungsschusses, aufgrund dessen das „Tier" zu Boden geht. Ob die Betäubung wirklich wirkt, wird von Tierärzten durch Anstoßen mit einem Stock aus sicherer Entfernung überprüft. In den vergangenen Jahren machten die Wärter in diesem Stil Jagd auf ein wildes Nashorn, einen wütenden Gorilla und einen bissigen Eisbären.

FOTO: GETTY IMAGES / AFP / TOSHIFUMI KITAMURA

USA

Baden im Kitsch

Jayne Mansfield, das It-Girl und Sexsymbol der 1950er-Jahre, steht ganz offensichtlich auf Pink. Ihr privates Badezimmer ist ein Traum in Plüsch – oder um es zynisch zu sagen: ein Badevorleger in Raumgröße.

FOTO: GETTY IMAGES / THE LIFE PICTURE COLLECTION / ALLAN GRANT

USA

Präsidialer Fauxpas

In ihrer nun schon über 60-jährigen Regierungszeit besucht *Queen Elizabeth II* unzählige Bankette sowie offizielle Veranstaltungen und hält Tausende Reden. Immer übt sie vornehme Zurückhaltung und wahrt die Contenance. Auch ihre Gegenüber halten sich stets an das höfische Protokoll. Nur *Ronald Reagan* zeigt auch in Anwesenheit der Queen echte Cowboymanieren. Bei einem Abendessen im Jahr 1983 in San Francisco macht die Queen einen harmlosen Scherz über das dortige Wetter. Ronald Reagan lässt sämtliche Etikette beiseite und klopft sich vor Vergnügen lauthals lachend auf die Schenkel. Elf US-Präsidenten sah die Queen bisher kommen und zehn gehen, keiner hat sich jemals so daneben benommen. Die Queen nimmt diesen Protokollverstoß jedoch in der ihr üblichen Art – mit Contenance.

FOTO: GETTY IMAGES / ANWAR HUSSEIN

Thailand

Zug im Markt

In dem kleinen Ort *Samut Songkhram* südlich von Bangkok herrscht geschäftiges Treiben auf dem Markt. Gemüse, Gewürze und Lebensmittel aller Art gibt es hier. Aber dieser Markt ist eine besondere Touristenattraktion: Acht Mal pro Tag klappen die Händler in scheinbar müheloser Routine ihre Planen zusammen und verschieben ihre Stände ein kleines Stück nach hinten. Denn auf einer 400 Meter langen Strecke kurz vor dem Bahnhof kreuzen sich hier die Bahngleise mit den Gemüseständen. Diese müssen verständlicherweise vor den einfahrenden Zügen weichen. Danach nehmen sie wieder ihre alten Plätze ein – alles millimetergenau. Die Händler bemühen sich übrigens freiwillig um diese Plätze, da die Marktstände entlang der Strecke billiger sind.

FOTO: GETTY IMAGES / LONELY PLANET IMAGES / TIM BEWER

1210

Pakistan

Bunte Vögel

Normalerweise gleicht ein Küken dem anderen wie ein Ei dem anderen: Sie sind flauschig und gelb. Diese Küken auf dem Markt in *Karatschi* jedoch zeigen sich in den buntesten Farben. Keine Laune der Natur, denn die Küken wurden am Tag zuvor eingefärbt. Der Grund dafür ist hier ein durchaus ernster: Kurz zuvor war in Karatschi die Vogelgrippe ausgebrochen. Natürlich bleiben die Käufer für die Küken aus. Die bunten Farben sollen die Küken harmloser wirken lassen und die Kauflaune ankurbeln. Dieser umstrittene Trend verbreitet sich inzwischen von Asien aus über die Türkei nach Europa und in die USA. Hier werden Küken zu Ostern bunt gefärbt. Dafür wird Lebensmittelfarbe noch vor dem Schlüpfen unter die Eischale gespritzt. Da sich die Küken innen daran reiben, ist ihr Flaum später bunt.

FOTO: GETTY IMAGES / THE IMAGE BANK / YOSHIO TOMII

BERÜHRENDE MENSCHEN

USA

Tutu-Medizin

Wer *Bob Carey* auf den Straßen der Welt in seinem rosa Tutu sieht, muss wohl als Erstes lachen – was für ein kurioser Anblick. Carey macht sich für seine Frau Linda zum Clown. Bei ihr wird 2003 Brustkrebs diagnostiziert. Mit diesen Bildern bringt er sie zum Lachen und schenkt ihr damit Hoffnung. Für ihn selbst seien sie Ventil für seine Gefühle, meint seine Frau. In Deutschland waren laut Robert Koch-Institut im Jahr 2012 1,6 Millionen Menschen an Krebs erkrankt. Davon sollte jeder einen Bob Carey an seiner Seite haben.

FOTO: PICTURE ALLIANCE / DPA / BOB CAREY

USA

Gib Unwissenheit keine Chance!

Ryan White ist ein ganz normaler Junge. Wegen seiner Bluterkrankheit erhält er häufig Bluttransfusionen. 1984 dann die schockierende Diagnose: Durch eine verunreinigte Blutkonserve ist er mit 13 Jahren an AIDS erkrankt. Nach damaligem Forschungsstand prognostizieren ihm Ärzte eine Lebenserwartung von nur sechs Monaten. Die Diagnose löst in seiner Schule eine Welle von Hass und Ablehnung aus. Über die Hälfte seiner Klasse kommt aus Angst vor Ansteckung nicht mehr in die Schule, keiner will mehr mit ihm reden. Schließlich wird Ryan von der Schule ausgeschlossen. Er zieht vor Gericht und kämpft gegen die Unwissenheit in der Bevölkerung. Schließlich bekommt er Recht. Durch das große Medieninteresse wird Ryan für die Amerikaner zum Gesicht der Krankheit. Sie beginnen zu verstehen, dass AIDS jeden treffen kann. Ryans Familie zieht um, und in seiner neuen Schule kann Ryan wieder ein ganz normaler Junge sein. 1990 verliert er den Kampf gegen die Krankheit.

FOTO: GETTY IMAGES / THE LIFE IMAGES COLLECTION / TARO YAMASAKI

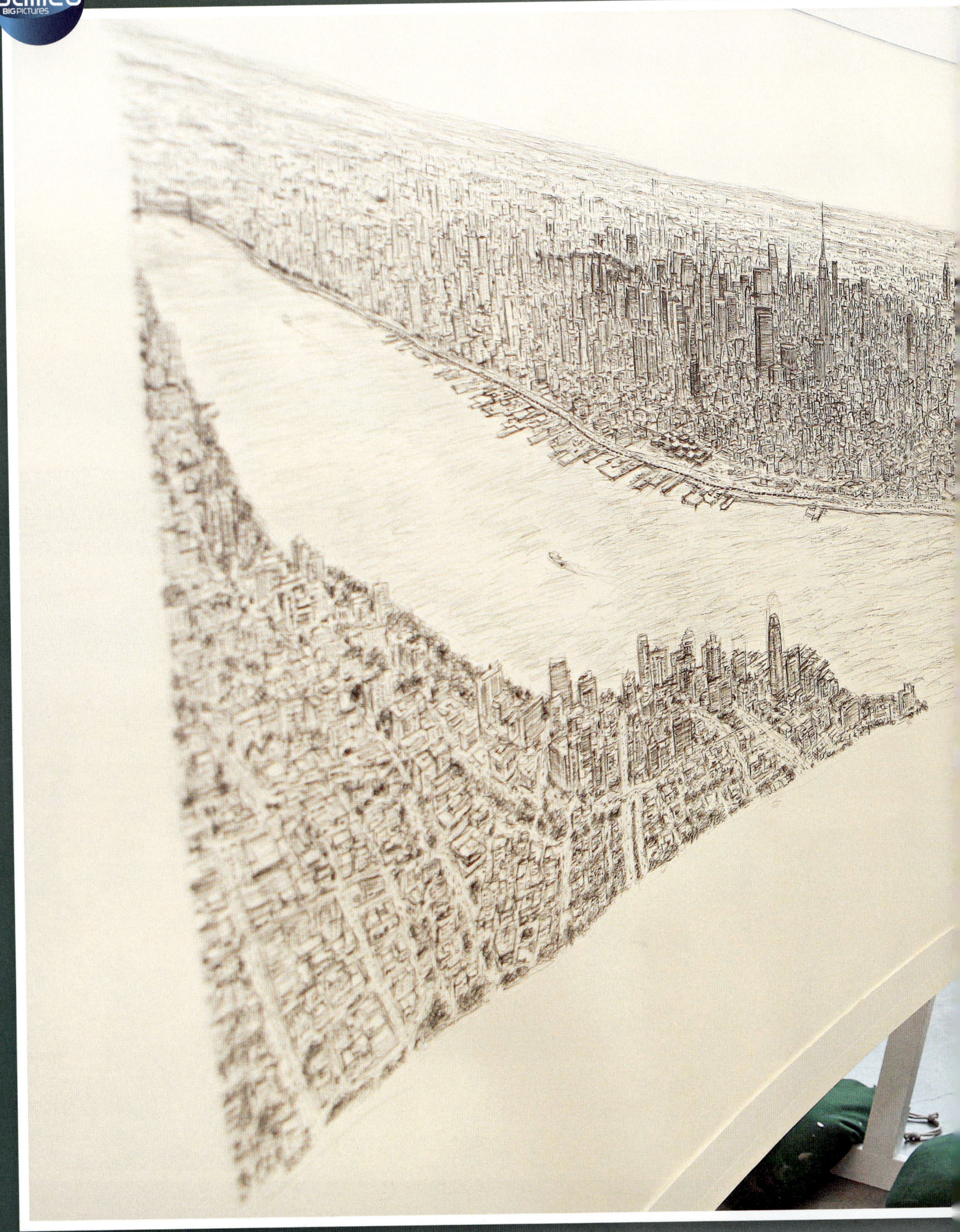

USA

Kluger Kopf

Wer wünschte sich nicht ein besseres Erinnerungsvermögen! Der 36-jährige *Stephen Wiltshire* hat damit kein Problem. Er besitzt ein bis zur Perfektion ausgeprägtes fotografisches Gedächtnis. Er muss selbst die komplexesten Dinge nur einmal anschauen und sie sind für immer gespeichert. So ist diese gut sechs Meter lange Panoramaskizze von New York entstanden. Ein 20-minütiger Flug über die Stadt hat ihm gereicht, um sich alle Details genau einzuprägen.

FOTO: GETTY IMAGES / BARCROFT MEDIA / JAMES AMBLER

Afghanistan

Mutiges Zeichen

Die Afghanin *Bibi Aisha* wird als Jugendliche mit einem Talibankämpfer zwangsverheiratet. Von ihrem Ehemann hat sie nur Gewalt und Erniedrigung erfahren. Bei einem Versuch, dieser Hölle zu entfliehen, schneidet er ihr zur Strafe die Nase und Ohren ab. Das Bild wird als Pressefoto 2010 ausgezeichnet. Bibi Aisha will damit allen Leidensgenossinnen Mut machen, sich gegen Unterdrückung zu wehren. Durch das Foto werden Ärzte in Amerika auf sie aufmerksam, welche ihr eine Nasenprothese anfertigen.

FOTO: PICTURE ALLIANCE / DPA / WPP / HO

Deutschland

Held unter Tage

Es ist das Jahr 1962, als sich der Westberliner Student *Hasso Herschel* (Foto) entscheidet, seine Schwester in den Westen zu holen. Doch Deutschland ist geteilt und die Grenze unpassierbar. Mit 48 Helfern gräbt Herschel mit bloßen Händen einen Tunnel von West- nach Ostberlin. Insgesamt fünf Monate arbeiten sie an dem 126 Meter langen Fluchtweg, der im Keller der Schönholzerstraße 7 endet. Durch seine Heldentat können seine Schwester und 28 weitere Personen fliehen, bevor der Tunnel von der Stasi entdeckt wird.

FOTO: PICTURE ALLIANCE / DPA / VON KEUSSLER

Italien

Die Kraft der Liebe

Vinicio Riva ist unheilbar krank. Der Italiener leidet an einer Hautkrankheit, die seinen ganzen Körper mit geschwürartigen Auswüchsen bedeckt. Er ist Ekel und Ablehnung gewohnt. Bei einer Generalaudienz von *Papst Franziskus* im November 2013 ändert sich das schlagartig. Der Papst erblickt ihn in der Menge und umarmt ihn ohne zu zögern. Dieses Erlebnis hat Vinicio Riva stärker gemacht. Und uns zeigt es, dass hinter jedem noch so abstoßenden Äußeren ein verletzlicher Mensch wohnt.

FOTO: PICTURE ALLIANCE / DPA / CLAUDIO PERI

Gazastreifen

Heiße Ware

Im Gazastreifen ist Fast Food Schmuggelware. Die Hähnchenschenkel und Pommes stammen aus einer 50 Kilometer entfernten Stadt in Ägypten und haben vier Stunden Reise hinter sich. Dies ist nur dank des Tunnelsystems unter der Grenzstadt *Rafah* möglich. Die Grenzübergänge zum Gazastreifen werden von Israel streng kontrolliert. Luxusgüter sind verboten. Der Duft der verbotenen Hähnchenschenkel ist für die Bewohner des Gazastreifens deswegen weitaus mehr als nur Essen. Doch der Duft versiegt immer mehr. Der ägyptische Präsident Abdel Fattah al-Sisi hat die Grenze zu Ägypten geschlossen und zerstört kontinuierlich das Tunnelsystem. Die Menschen im Gazastreifen sind nun wieder ausschließlich auf die hochverzollte Ware aus Israel angewiesen.

FOTO: GETTY IMAGES / AFP

USA

Ehrlichkeit währt am längsten

Vor einem Einkaufszentrum findet der Obdachlose *Glen James* im Jahr 2013 einen herrenlosen Rucksack mit Bargeld und Reiseschecks im Wert von 40.000 US-Dollar. Für ihn ist sofort klar: Das muss er dem Besitzer zurückgeben. Die Polizei ist so beeindruckt von seiner Ehrlichkeit, dass sie ihm eine Urkunde verleiht. Doch was soll ein Obdachloser mit einer Urkunde?! *Ethan Whittington* sieht die Ehrung im Fernsehen und startet eine Spendenaktion für James. Inzwischen sind so 160.000 US-Dollar zusammengekommen. So hat sich sein Leben durch Ehrlichkeit komplett zum Positiven gewandelt.

FOTO: GETTY IMAGES / BOSTON GLOBE / MATTHEW J. LEE

Indien

Miniatur-Ghandis

Wir sehen hier keine Theateraufführung und auch keine lustige Kostümierung. Diese indischen Knirpse haben aus reiner Ehrerbietung den Look ihres ganz großen Idols kopiert: *Mahatma Ghandi.* An seinem Geburtstag, dem indischen Nationalfeiertag, verkleiden sich indische Kinder wie ihr Held. Mit seiner Ideologie des gewaltfreien Widerstandes verhalf Ghandi Indien zur Unabhängigkeit von den Briten. Dafür wird er heute noch gefeiert.

FOTO: GETTY IMAGES / AFP / NARINDER NANU

England

Mamy Rock is in the house

Dieser Londoner Nachtclub sei wohl eher nichts für sie, hatte *Ruth Flowers* an der Geburtstagsfeier ihres Enkels zu hören bekommen. Doch sie wagt sich trotzdem in die Partyhöhle und ist begeistert. Solche Musik machen, das kann ich auch, denkt sie sich. Gesagt, getan. Kurze Zeit später bringt sie als Mamy Rock mit ihren heißen Housebeats die Menge zum Kochen. Als vielgebuchter DJ-Act taucht sie mit über 70 Jahren noch mal richtig ins Nachtleben ein.

FOTO: GETTY IMAGES / AFP / TIMOTHY A. CLARY

Indien

Klein, aber oho

Die 16-jährige Inderin *Jyoti Amge* ist ein ganz normaler Teenager: Sie liebt DVDs, Mode und mit ihren Freundinnen zu telefonieren. Allerdings misst sie nur 62,8 Zentimeter und ist damit etwa so groß wie eine Zweijährige. Manche Inder halten sie deswegen für eine Gottheit. Sie selbst sieht sich eher als Schauspielerin. Seit 2014 spielt sie in der vierten Staffel von „American Horror Story" mit. Sie gilt als kleinste Frau der Welt.

FOTO: GETTY IMAGES / BARCROFT MEDIA / SIMON DE TREY-WHITE

SPORTLICHE AUGENBLICKE

USA

Das ging ins Auge

Das ist eines der spektakulärsten Fouls im Basketball, das je in einem Foto festgehalten wurde. Die Berührung des Gegners beim Wurf ist dem Spieler natürlich verboten. Bei diesem Collegematch in Utah greift *Jason Walberg* seinem Kontrahenten *Jonathan Tavernari* jedoch direkt in die Augen. Das Spiel wird dennoch nicht unterbrochen, denn der Schiedsrichter hat das brutale Foul nicht gesehen. Am beeindruckendsten aber ist, dass der kurzfristig sehgestörte Jonathan trotz des Griffs in seine Augen anschließend den Korb trifft und für sein Team punkten kann.

FOTO: CHRIS DETRICK / THE SALT LAKE TRIBUNE

Frankreich

Balance auf einem Bein

Manuel de los Santos ist einer der besten Golfer Frankreichs, und das mit nur einem Bein. Er nimmt als erster behinderter Sportler am Grand Prix in Frankreich teil. Nachdem der Baseballprofi bei einem Motorradunfall sein Bein verlor, muss er seine Karriere an den Nagel hängen. Dann entdeckt er Golf. Sein Ziel: Handicap 0. Sein Können grenzt an ein Wunder, denn während des Golfschwungs muss man perfekt das Gleichgewicht halten können.

FOTO: GETTY IMAGES / RICHARD HEATHCOTE

Hawaii

Leidenschaft schlägt alles

Diese junge Surferin ist das beste Beispiel dafür, dass man sich nach einem Sturz gleich wieder aufs Pferd, oder in diesem Fall aufs Surfbrett, schwingen sollte. Ein Hai beißt *Bethany Hamilton* mit 13 Jahren ihren linken Arm ab. Dabei verliert sie fast 60 Prozent ihres Blutes – ihr Schicksal scheint besiegelt. Doch sie kämpft sich zurück ins Leben. Und nicht nur das: Nur vier Wochen nach der Attacke steht sie wieder auf dem Brett. Seit 2008 ist sie Vollzeitprofi und in der Surf-Szene ein Star.

FOTO: GETTY IMAGES / COVERED IMAGES / ASP / SEAN ROWLAND

Brasilien

Radeln für die Freiheit

Im Gefängnis von *Santa Rita do Sapucaí* sorgt ein neues Fitnessprogramm für Furore. Die Häftlinge strampeln auf Fahrrädern, die mittels eines Keilriemens am Hinterrad eine Lichtmaschine antreiben. Diese lädt in acht Stunden eine Autobatterie. Der Strom wird verwendet, um die Straßen der Stadt zu beleuchten. Mit einer Batterie können zehn Laternen mehrere Tage lang betrieben werden. So fühlen sich die Häftlinge während ihrer Haft nützlich, trainieren und nehmen auch noch ab. Damit nicht genug: Um den Häftlingen einen Anreiz zu geben, wird ihnen pro drei Tage Strampeln ein Tag Haft erlassen.

FOTO: PICTURE ALLIANCE / AP PHOTO / FELIPE DANA

Nepal

Träume versetzen einen auf Berge

In dem gelben Anorak steckt ein 13-jähriger Junge. Und er steht auf dem Gipfel des Mount Everest. *Jordan Romero* erreichte am 22. Mai 2010 als jüngster Mensch den Gipfel des mit 8.848 Metern höchsten Bergs der Welt. Im Alter von 10 Jahren beschließt der Junge aus Kalifornien, die Seven Summits, die höchsten Berge der sieben Kontinente, zu erklimmen. Gemeinsam mit seinen Eltern trainiert er für seinen Traum. Noch im gleichen Jahr besteigen die drei, die sich „Team Jordan" nennen, den Kilimandscharo in Afrika. Danach folgen die höchsten Gipfel Australiens, Europas sowie Süd- und Nordamerikas. 2010 dann der Mount Everest. Fünf Wochen lang trotzt „Team Jordan" Schnee und Eis und vor allem der unglaublich dünnen Luft. Dann erreichen sie den Gipfel. Mit seiner Aktion möchte Jordan andere Kinder ermutigen, sich Ziele zu setzen und über sich hinauszuwachsen.

FOTO: PICTURE ALLIANCE / AP PHOTO / TEAM ROMERO

OMEGA XT
kayland
MOUNTAIN HARD

26
EADOR
STORIA

Kolumbien

Fan sein geht unter die Haut

Für Fußballfans ist ihr Sport meist auch Lebensstil, Stammtischgespräch und vor allem Identifikationsmerkmal. Der Kolumbianer *Felipe Alvares* hat das auf die Spitze getrieben, denn er hat sich das Trikot seines Vereins Atlético Nacional auf den Rücken tätowieren lassen. Das Tattoo ist jedoch mehr als ein Hingucker. Alvares will damit seinem Idol, dem ehemaligen Nationalspieler *Andrés Escobar,* gedenken. Dieser schoss bei der WM 1994 ein Eigentor, wodurch Kolumbien in der Vorrunde ausschied. Doch im fußballverrückten Südamerika verzieh man ihm das nicht. Er wurde zehn Tage später auf offener Straße erschossen.

FOTO: GETTY IMAGES / AFP / RAUL ARBOLEDA

USA

Heißer als eine Pistole

Für den 19-jährigen *Jason McElwain* geht ein Traum in Erfüllung. Der autistische Junge, der im Rahmen eines Integrationsprogramms an einer High School das Basketballteam als Team-Manager und Maskottchen unterstützt, will einmal an einem Spiel teilnehmen. Als der Mannschaft der Saisonsieg schon sicher ist, wechselt Trainer *Jim Johnson* ihn für die letzten vier Minuten ein. Jason schießt erst zweimal daneben, dann trifft er in Folge sechs Dreier und einen Zweier und macht 20 Punkte in nur vier Minuten. Das Publikum explodiert und „J-Mac", wie er genannt wird, wird schlagartig berühmt. Er trifft Präsident George W. Bush und sitzt in zahlreichen Talkshows. Über seinen Erfolg sagt er: „Ich war heißer als eine Pistole." Inzwischen hat „J-Mac" die High School beendet und arbeitet bei einem Bäcker. Seine Berühmtheit nutzt er, um Spenden für die Erforschung seiner Krankheit zu sammeln. Seine sportliche Leidenschaft gilt inzwischen dem Laufen. Den Boston-Marathon 2014 lief er unter drei Stunden.

FOTO: PICTURE ALLIANCE / AP PHOTO / ERIC SUCAR

Iran

Little Schumacher

Profisport ist für iranische Frauen undenkbar. Nach islamischem Recht sind die Bewegungen zu anzüglich und die Bekleidung zu knapp. *Laleh Sadigh* aber ist iranische Profirennfahrerin und gewinnt mehrere Landesmeisterschaften gegen männliche Konkurrenz. Ihren Erfolg verdankt sie einer Gesetzeslücke. Ein Ajatollah, ein Rechtsgelehrter, bescheinigt ihr, dass sie beim Autofahren keinen Körperkontakt mit Männern hat, ausreichend bekleidet ist und ihre Bewegungen nicht zu sehen sind. Für iranische Frauen ist Laleh eine Ikone des Feminismus, in der Öffentlichkeit wird sie „Little Schumacher" genannt. Weil sie so die Missgunst der Regierung erregt, wird ihr die Teilnahme an Autorennen im Iran untersagt. Inzwischen ist sie als Formel-3-Fahrerin im Ausland erfolgreich.

FOTO: GETTY IMAGES / AFP / HENGHAMEH FAHIMI

England

Harter Krieger

Was aussieht wie eine Filmszene aus „Borat“, ist Ernst. Jedenfalls britischer Ernst. Der junge Mann ist einer von 6.000 Teilnehmern des legendären *Tough Guy Race* (dt. Harter-Kerl-Rennen). Es gilt, einen 12 Kilometer langen und mit 23 Hindernissen erschwerten Parcours durch Matsch, Eis und Stacheldraht zu überwinden, und dies mitten im Winter. Es ist eines der härtesten Geländerennen der Welt, nur die Hälfte der Läufer erreicht das Ziel. Der Rest scheitert an Unterkühlung oder Verletzungen. Ein echter „Tough Guy“ tritt dabei in den skurrilsten Outfits an. Warum das alles? Na eben, um ein harter Kerl zu sein.

FOTO: GETTY IMAGES / CHRISTOPHER FURLONG

6
6

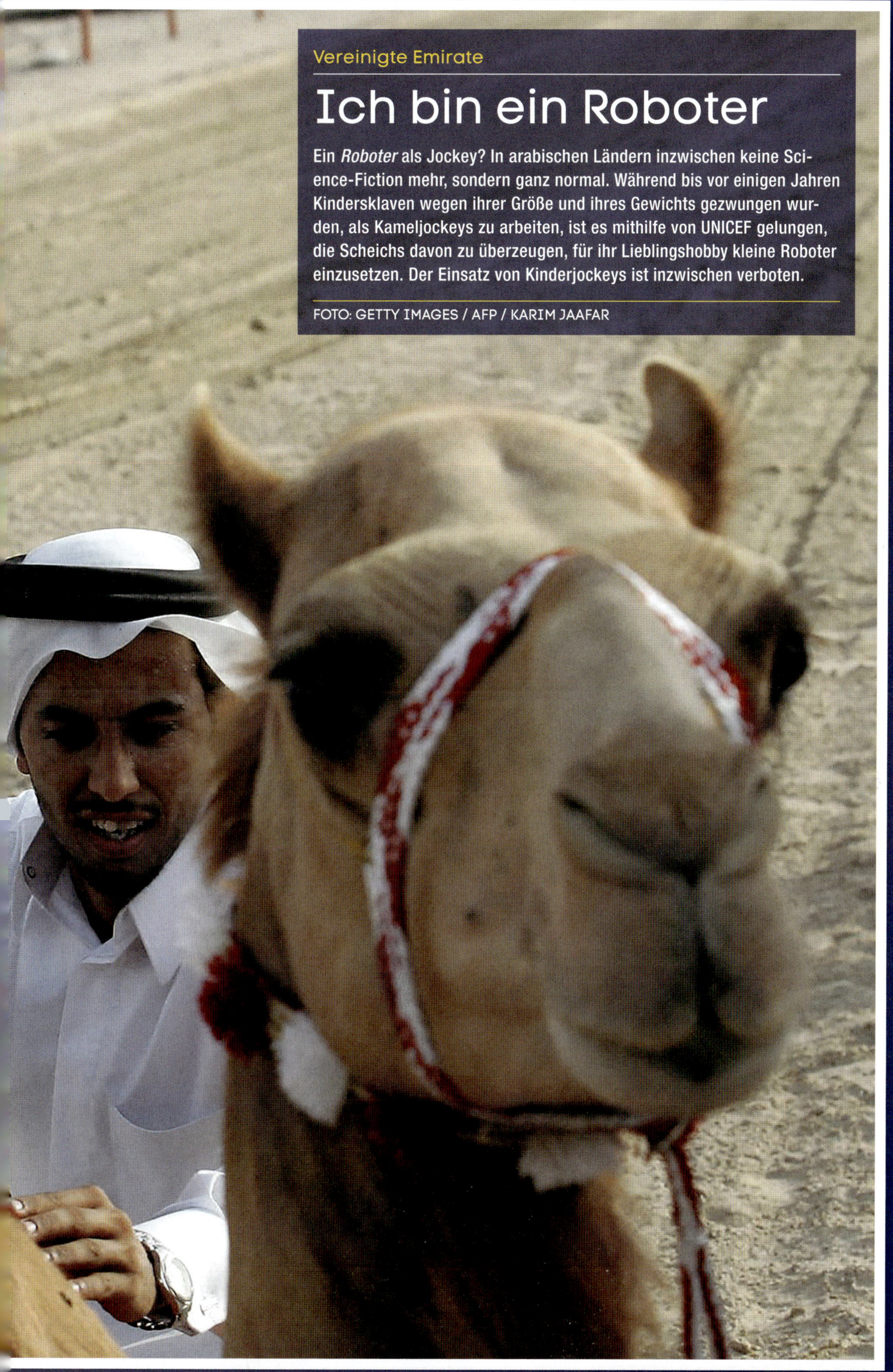

Vereinigte Emirate

Ich bin ein Roboter

Ein *Roboter* als Jockey? In arabischen Ländern inzwischen keine Science-Fiction mehr, sondern ganz normal. Während bis vor einigen Jahren Kindersklaven wegen ihrer Größe und ihres Gewichts gezwungen wurden, als Kameljockeys zu arbeiten, ist es mithilfe von UNICEF gelungen, die Scheichs davon zu überzeugen, für ihr Lieblingshobby kleine Roboter einzusetzen. Der Einsatz von Kinderjockeys ist inzwischen verboten.

FOTO: GETTY IMAGES / AFP / KARIM JAAFAR

DRAMATISCHE EREIGNISSE

USA

Das Tabufoto

Eine groteske Szene: Während im Hintergrund die Skyline von New York unmittelbar nach dem Einsturz des *World Trade Center* am 9. September 2001 zu sehen ist, entspannen sich fünf junge Leute gutgelaunt in der Sonne. Der Schnappschuss, den *Thomas Höpker* (im Bildvordergrund) zufällig aufnimmt, geht als „Tabufoto" in die öffentliche Diskussion ein und zeichnet das Bild einer gefühllosen Generation junger Amerikaner, die das Unfassbare völlig kalt lässt. Christine Chiavo (Zweite von rechts) erläutert Jahre später in einem Interview, dass sie alle damals sehr betroffen über die Folgen dieses Ereignisses diskutiert hätten und sie sich genau in dem Moment des Fotos umgewandt habe, um einen Beitrag zu leisten. Die missverständliche Diskussion des Fotos in der Öffentlichkeit habe sie alle sehr belastet.

FOTO: PICTURE ALLIANCE / DPA / STEFAN SAUER

USA

Der letzte Moment der Hindenburg

Seit 1909 begeistern Zeppeline die Menschheit und werden auch in der zivilen Luftfahrt eingesetzt. Im Jahr 1936 wird mit einer Länge von 245 Metern die größte der fliegenden Zigarren gebaut, die *Hindenburg LZ 129,* betankt mit 60 Millionen Litern hochentzündlichem Wasserstoffgas. Für 800 US-Dollar, heute umgerechnet etwa 10.000 Euro, kann man damit in 60 bis 70 Stunden von Frankfurt nach New York fliegen. Knapp zwei Monate nach ihrem Jungfernflug entzündet sich beim Anflug auf New York der Wasserstofftank aus noch immer ungeklärten Gründen. 35 der 97 Menschen an Bord sterben. Das bedeutet das Ende der Luftschifffahrt.

FOTO: PICTURE ALLIANCE / DPA-ZENTRALBILD

JANATA DAL

Indien

Brennender Widerstand

Ein junger Exil-Tibeter zündet sich selbst an und rennt brennend über eine Straße in Neu-Delhi. *Jamphel Yeshi* bringt damit seinen kompromisslosen Protest gegen den Staatsbesuch des damaligen chinesischen Präsidenten Hu Jintao im März 2012 zum Ausdruck. Zwei Tage nach der Aufnahme stirbt Jamphel Yeshi. Er wird zu einer Ikone des Widerstands. Sein Bild klebt in den tibetischen Exilgemeinden auf der ganzen Welt. Innerhalb eines Jahres zünden sich 30 Tibeter aus Protest selbst an. Der Unabhängigkeitskampf Tibets dauert seit gut einem halben Jahrhundert an. Die Tibeter sind durch Zwangsansiedlungen seitens Chinas zu einer Minderheit in ihrem eigenen Land geworden.

FOTO: PICTURE ALLIANCE / AP PHOTO / MANISH SWARUP

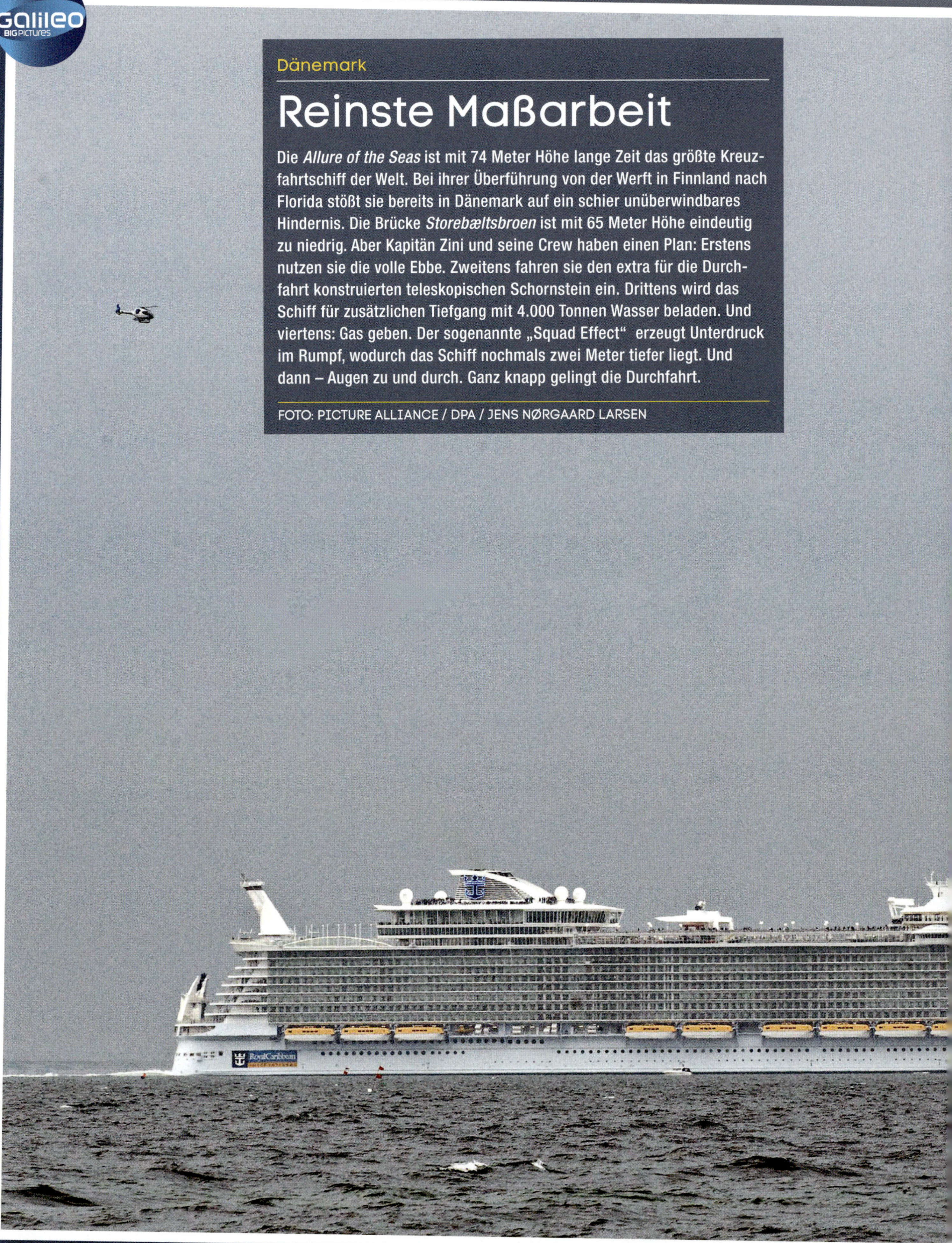

Dänemark

Reinste Maßarbeit

Die *Allure of the Seas* ist mit 74 Meter Höhe lange Zeit das größte Kreuzfahrtschiff der Welt. Bei ihrer Überführung von der Werft in Finnland nach Florida stößt sie bereits in Dänemark auf ein schier unüberwindbares Hindernis. Die Brücke *Storebæltsbroen* ist mit 65 Meter Höhe eindeutig zu niedrig. Aber Kapitän Zini und seine Crew haben einen Plan: Erstens nutzen sie die volle Ebbe. Zweitens fahren sie den extra für die Durchfahrt konstruierten teleskopischen Schornstein ein. Drittens wird das Schiff für zusätzlichen Tiefgang mit 4.000 Tonnen Wasser beladen. Und viertens: Gas geben. Der sogenannte „Squad Effect“ erzeugt Unterdruck im Rumpf, wodurch das Schiff nochmals zwei Meter tiefer liegt. Und dann – Augen zu und durch. Ganz knapp gelingt die Durchfahrt.

FOTO: PICTURE ALLIANCE / DPA / JENS NØRGAARD LARSEN

Kamerun

Tickende Zeitbombe

Im Umkreis des *Nyos-Sees* in Kamerun liegen am Morgen des 22. August 1986 über 4.000 tote Rinder. Im Dorf Nyos sterben 1.800 Menschen. Zunächst weiß niemand, warum. Es gibt keine Gewalteinwirkung. Als hätte ein unsichtbarer, lautloser Feind sie überrascht. Den Bewohnern des Nachbardorfs fällt eine seltsame weiße Wolke über dem See auf. Experten machen sich auf die Suche und stellen fest: Auf dem Grund des Sees gibt es ein großes Vorkommen an *Kohlendioxid.* Das geruchlose, aber tödliche Gas tritt permanent aus dem Erdmantel ins Wasser aus. Die warme Oberfläche des Sees hält das Gas in der Tiefe gefangen. In dieser Nacht hat ein Erdrutsch die Gasblase aufgewirbelt und 1,7 Millionen Tonnen CO_2 schießen in die Luft. Im Umkreis von zehn Kilometern ist alles Leben erloschen. Seit 2001 wird das Gas kontrolliert aus dem See abgeleitet, um einen weiteren Ausbruch zu verhindern.

FOTO: GETTY IMAGES / GAMMA-RAPHO / ERIC BOUVET

LILIUOKALANI
711

Hawaii

Fliegender Held

Kein Bild für Menschen mit Flugangst. Am 28. April 1988 hat der *Aloha Airlines-Flug 243* gerade seine Flughöhe auf dem Weg von Hilo nach Honolulu erreicht, als es zur Katastrophe kommt. Bei der altersschwachen Maschine reißt ein Drittel des Kabinendachs weg. Die Passagiere der ersten Klasse sitzen im Freien. Pilot *Robert Schornstheimer* meistert das Unmögliche und bringt das Flugzeug in einer spektakulären Notlandung auf den Boden. Vor ihm ist es noch nie jemandem gelungen, eine so schwer beschädigte Maschine notzulanden. Die 90 Passagiere verdanken dem Piloten ihr Leben. Einzig eine Flugbegleiterin wird aus dem Flugzeug gesogen und stirbt.

FOTO: PICTURE ALLIANCE / AP PHOTO / ROBERT NICHOLS

USA

Nationales Trauma

Katastrophe vor laufenden Kameras: Am Morgen des 28. Januar 1986 startet das amerikanische Spaceshuttle *Challenger* zu seiner zehnten und letzten Mission. Zum ersten Mal darf mit den sechs Berufsastronauten eine Zivilistin an Bord. In der Nacht vor dem Start sinken die Temperaturen unter null. Nach 73 Sekunden und in 15 Kilometern Höhe explodiert die Challenger. Grund ist, wie von Experten befürchtet, ein undichter Dichtungsring an der seitlichen Feststoffrakete, aus dem Verbrennungsgase austreten. Alle Astronauten sterben durch den Aufprall auf die Wasseroberfläche. Aus Kostengründen war auf einen Sicherheitsfallschirm verzichtet worden.

FOTO: GETTY IMAGES / THE LIFE PICTURE COLLECTION / NASA

USA

Kiss of Life

Ein bewegendes Bild von großer Nächstenliebe. Bei Arbeiten auf dem Strommast jagen dem Elektriker *Randall Champion* 4.000 Volt durch den Körper, leblos hängt er herunter. Sein Kollege *J.D. Thompson* zögert keine Sekunde: Er steigt hinauf und beginnt eine Mund-zu-Mund-Beatmung. Was wie eine innige Umarmung wirkt, ist für Champion der Kuss des Lebens. Er beginnt wieder zu atmen, wird ins Krankenhaus gebracht und überlebt ohne Folgeschäden. Der Fotograf Rocco Morabito, der die Szene zufällig sieht, ruft erst den Notarzt und schießt dann das Foto, mit dem er 1968 den Pulitzer-Preis gewinnt.

FOTO: CORBIS / BETTMANN / ROCCO MORABITO

Deutschland

Archiv begraben

Beim Einsturz des *Historischen Archivs* und zweier Nachbargebäude in *Köln* verlieren zwei Jugendliche unter den Trümmern ihr Leben. Außerdem wird das gesamte Archivgut in Schutt und Asche gelegt. Am 3. März 2009 sackt der Boden unter den Gebäuden ab. Dadurch entsteht ein Krater, in den das Archivgebäude abrutscht. Noch im gleichen Jahr können glücklicherweise 85 Prozent der Bestände geborgen werden. Eine größere Herausforderung bilden jedoch diejenigen Schriftstücke, die zwölf bis 28 Meter unter das Straßenniveau stürzen.

FOTO: PICTURE ALLIANCE / DPA / FRANK DOMAHS

NWROC

USA

Gegen Gewalt

Nächstenliebe und Hass vereint in einem Moment: Eine Afroamerikanerin beschützt einen vermeintlichen Nazi. Am 22. Juni 1996 demonstriert der *Ku Klux Klan* in Michigan. Der rassistischen Vereinigung stellen sich gut 300 Gegendemonstranten entgegen. Mitten in der Menge entdecken sie einen vermeintlichen Nazi. Der Mann trägt ein T-Shirt mit der Südstaatenflagge und ein SS-Tattoo. Die Flagge wird vom Ku Klux Klan als Zeichen der Überlegenheit der Weißen getragen. Als der wütende Mob über den Mann herfällt, wirft sich die damals 18-jährige *Keshia Thomas* schützend über ihn. Als Motiv gibt sie später an, dass sie wisse, wie sich Gewalt anfühle. Und dass niemand Opfer von Gewalt werden solle, besonders nicht aufgrund einer Ideologie. Eine bis heute wahrhaft inspirierende Geste.

FOTO: PICTURE ALLIANCE / AP PHOTO / STEPHANIE LIM

UNAUFHALTSAMER FORTSCHRITT

Südafrika

Eine Runde Luxus

Gebaut als 173 Meter hohes Prestigeobjekt, gerät der *Ponte Tower* in *Johannesburg* schnell in Verruf. Schüsse, Einbrüche, Vergewaltigungen sind Alltag. Der Müll liegt meterhoch im Innenhof des Betonzylinders. Die Behörden nehmen die Fußball-WM 2010 zum Anlass, um Ordnung in den Ponte zu bringen. Die Lösung: die Wohnungen zu Luxus-Appartements umzubauen. Die Strategie geht auf, das Viertel Hillbrow in Johannesburg gilt jedoch immer noch als unsichere Gegend.

FOTO: PICTURE ALLIANCE / AP PHOTO

USA

Atompilz in 3D

Diese Zuschauer sehen sich etwas viel Gefährlicheres an als den neuesten Blockbuster. Mit Schutzbrillen ausgerüstet sind sie *Zeugen eines Atombombentests.* In den 1950er-Jahren ist das einer elitären Gruppe von Militärs, bedeutenden Politikern und Soldaten vorbehalten. Danach dürfen auch Normalsterbliche aus zehn Kilometern Entfernung die Zerstörungskraft der Bombe beobachten. Darüber, dass durch dieses fragwürdige Schauspiel die Beobachter an Krebs erkranken oder sogar mit dem Tod bezahlen, ist damals noch nichts bekannt. Oberirdische Atomwaffentests werden 1963 verboten. Unterirdisch werden sie jedoch weiterhin durchgeführt.

FOTO: PICTURE ALLIANCE / AKG

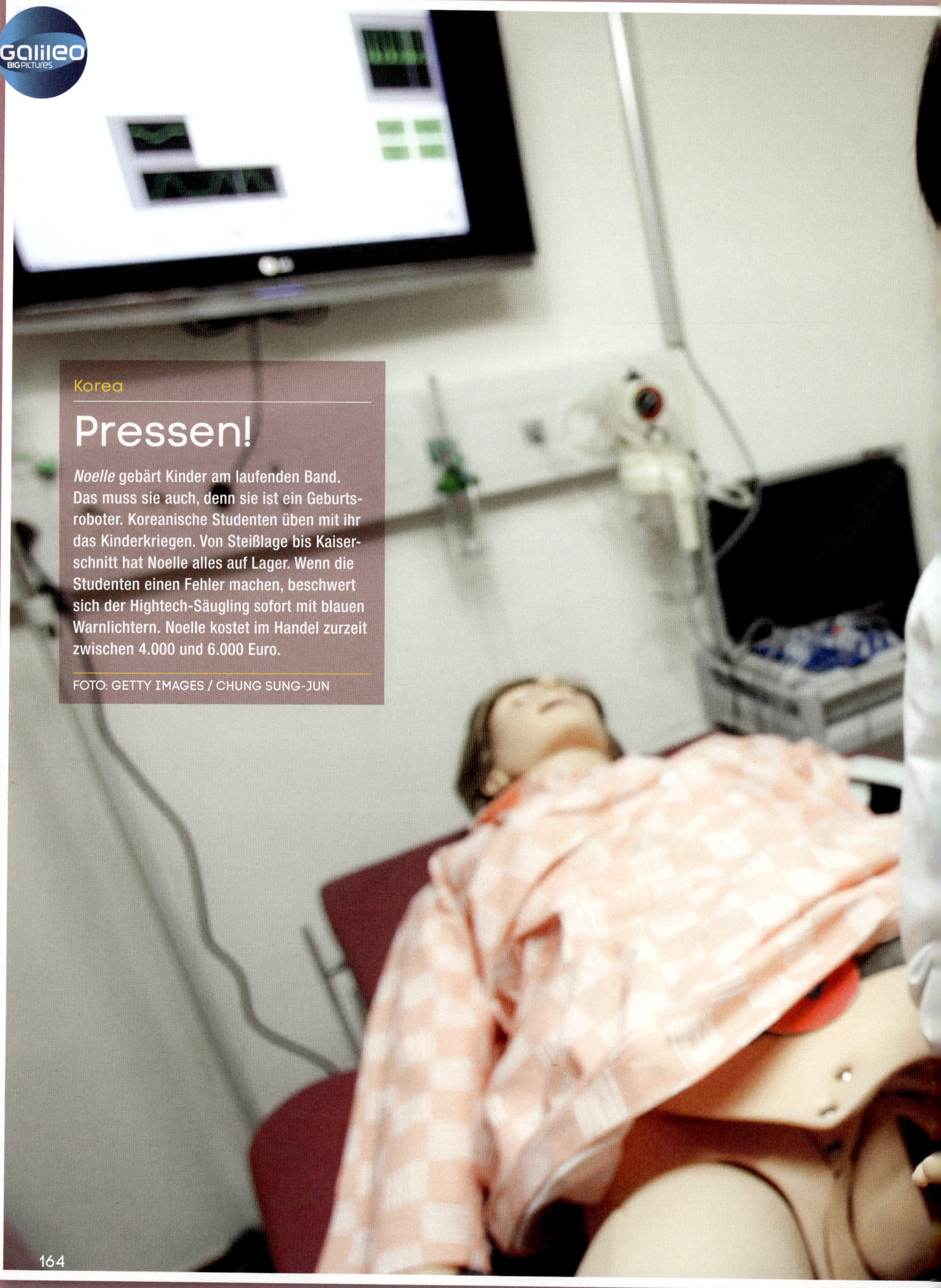

Korea

Pressen!

Noelle gebärt Kinder am laufenden Band. Das muss sie auch, denn sie ist ein Geburtsroboter. Koreanische Studenten üben mit ihr das Kinderkriegen. Von Steißlage bis Kaiserschnitt hat Noelle alles auf Lager. Wenn die Studenten einen Fehler machen, beschwert sich der Hightech-Säugling sofort mit blauen Warnlichtern. Noelle kostet im Handel zurzeit zwischen 4.000 und 6.000 Euro.

FOTO: GETTY IMAGES / CHUNG SUNG-JUN

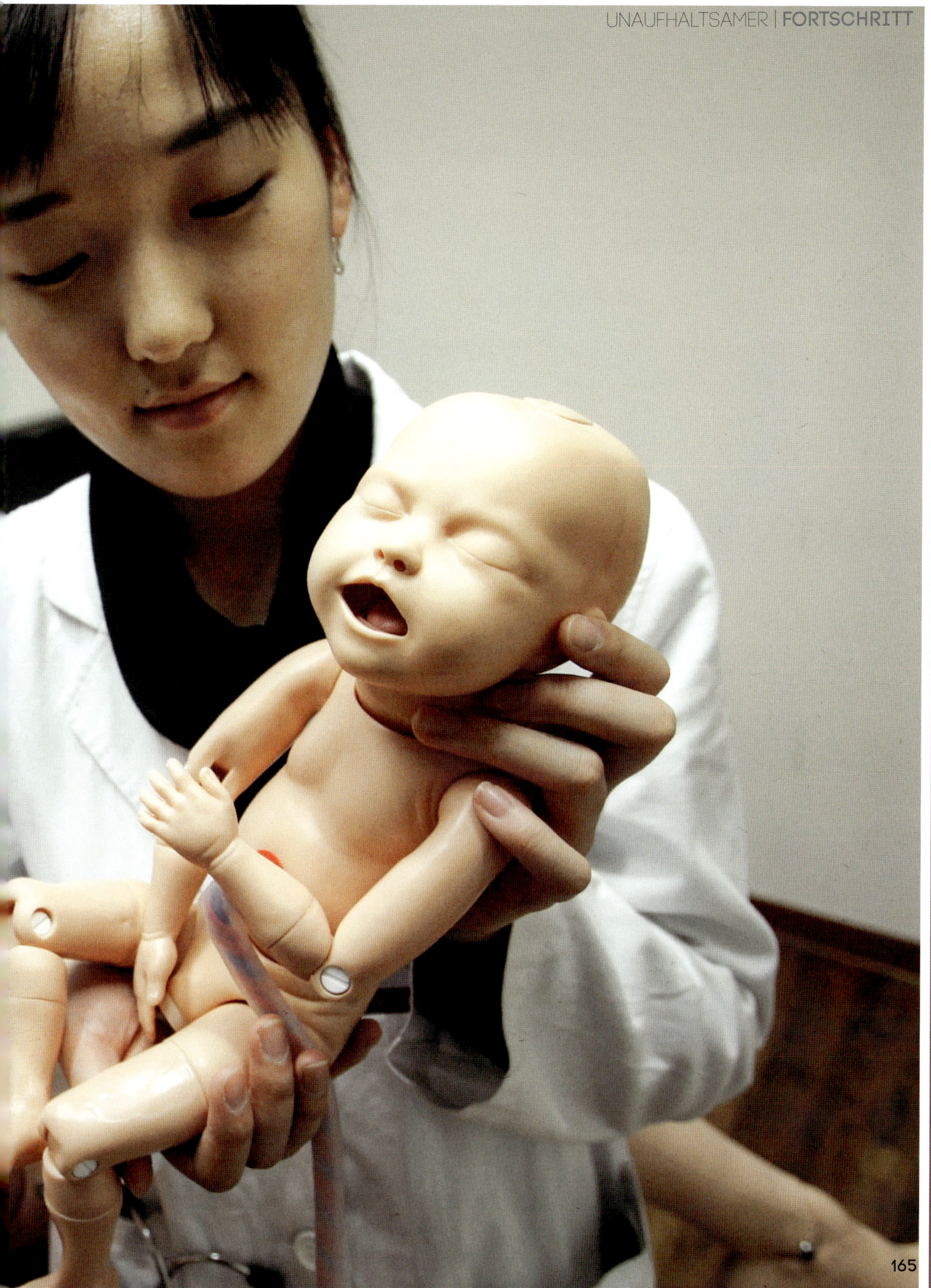

China

Smog City

Wie Sie sehen, sehen Sie nichts. Der Smog ist Chinas Umweltfeind Nummer eins. Man sagt, ein Tag in der Stadt *Linfeng* sei damit zu vergleichen, drei Schachteln Zigaretten zu rauchen. Das liegt daran, dass die Stadt von 127 Kohle- und Stahlkraftwerken umzingelt ist. Darunter leiden die Menschen. Smog gilt als vierthäufigste Todesursache in China.

FOTO: GETTY IMAGES / PARIS MATCH / BERNARD WIS

Japan

Held in Schutzanzug

Am 11. März 2011 beschädigen ein Erdbeben und ein Tsunami das Atomkraftwerk *Fukushima* schwer. Die Brennstäbe erhitzen, und die Reaktorblöcke drohen zu explodieren. *Masao Yoshida* (gelber Kreis), der Direktor des AKW, ordnet an, die Reaktoren mit Meerwasser zu kühlen. Die Hauptzentrale in Tokio gibt den Befehl, dies sofort zu unterlassen. Doch Yoshida widersetzt sich dem Befehl. Eine solche Verweigerung ist in der japanischen Kultur eigentlich undenkbar. Doch ohne sein geistesgegenwärtiges Handeln hätte die Katastrophe vielleicht noch unvorstellbar viel schlimmer geendet. Für sein Handeln wird Yoshida von der Bevölkerung und den Medien als Held gefeiert. Er stirbt 2013 an den Folgen der Verstrahlung an Krebs.

FOTO: GETTY IMAGES / BLOOMBERG / DAVID GUTTENFELDER

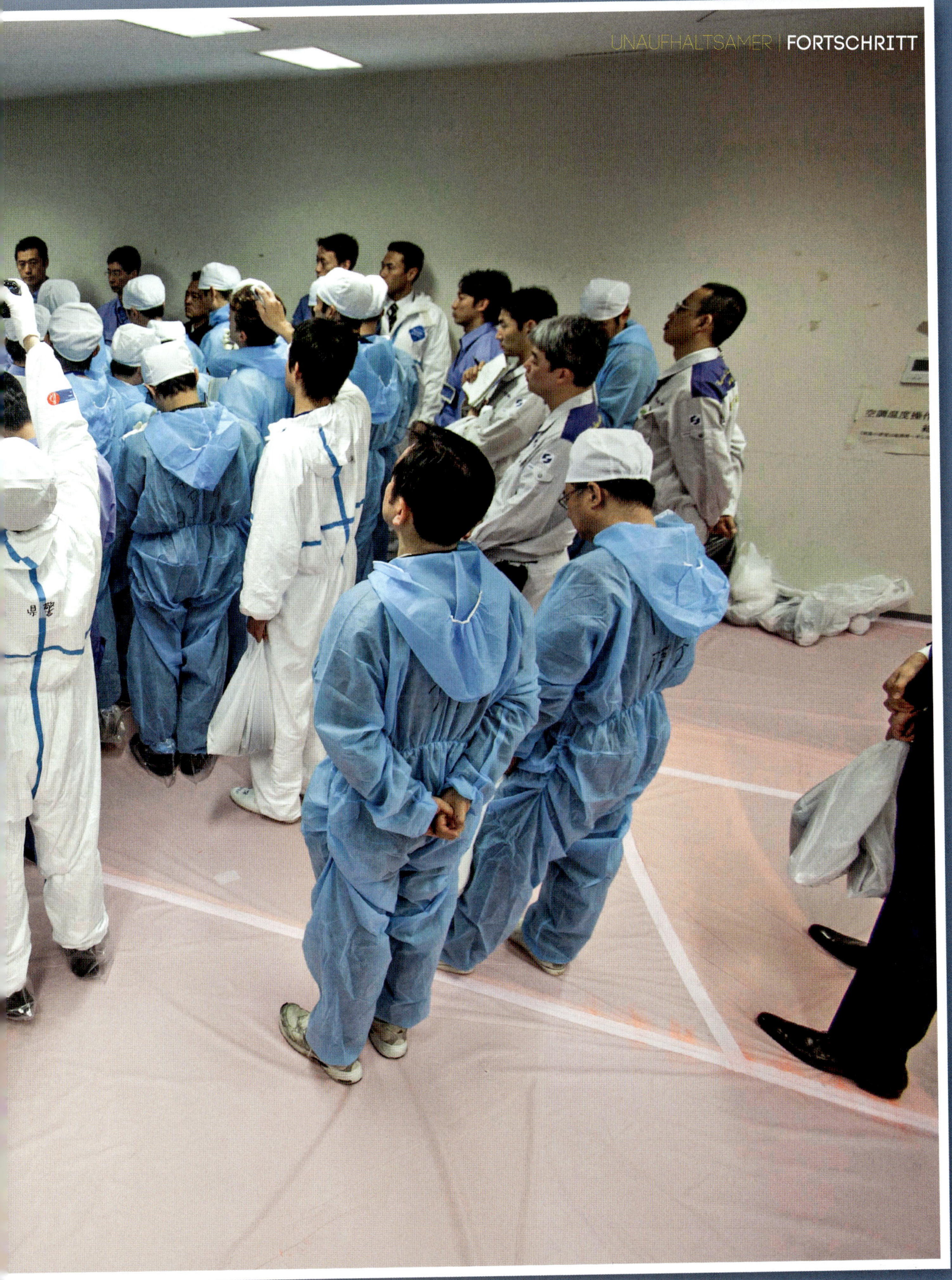

Bulgarien

Fortschreitender Zerfall

Das Konstrukt ist nicht etwa ein Ufo, wie es auf den ersten Blick scheint, sondern ein Relikt aus der Vergangenheit. Auf einem Berggipfel im Balkangebirge thront das *Busludscha-Denkmal.* Auf 1.441 Meter über dem Meeresspiegel ist es Prestigeobjekt, Pilgerstätte und Versammlungsort der Bulgarischen Kommunistischen Partei. Doch die Zeiten des herrschenden Kommunismus sind vorbei. Das Gebäude aus Beton und Stahl ist nur noch ein nacktes Gerippe und Zeuge für die Vergänglichkeit einer Ideologie.

FOTO: GETTY IMAGES / AFP / DIMITAR DILKOFF

Facebook | Visualizing Friendships (12)
163413_479288597199_9445547_
facebook

Welt

Vernetzt

Facebook-Praktikant *Paul Butler* hat 2010 grafisch dargestellt, wie wir mit unseren Freunden im sozialen Netzwerk verknüpft sind. Mit zwei Punkten und einer Linie hat er die Verbindung der Wohnorte von etwa zehn Millionen *Facebookfreunden* visualisiert. Die Weltkarte, wie wir sie kennen, wird dabei ganz deutlich ersichtlich. Dabei fällt auf, dass viele User in Europa und den USA anzutreffen sind. Doch auch Indien, Indonesien und die Philippinen leuchten hell. Dunkler sieht es in Russland aus. Dort treiben sich die meisten auf „VKontakte" herum. In China dagegen ist das Internet zensiert und Facebook verboten.

FOTO: GETTY IMAGES / AFP / KAREN BLEIER

England

Mit Herz und Hirn

„Was geht nur in deinem Kopf vor?“, diese Frage stellt man sich als Paar in einer Beziehung des Öfteren. Peter muss sich das bei Eva nicht fragen – er weiß es. Denn Peter hat Eva programmiert. Sie ist ein *Roboter,* der auf die Emotionen ihrer Gesprächspartner reagieren kann. Anstelle von Gesichtsmuskeln verhelfen ihr Servomotoren unter der Gummihaut zu einem Lächeln oder einer krausen Stirn. Forscher an der Universität in Bristol haben die Vision, dass Roboter menschenähnlicher werden und so zum Beispiel Bedürftigen helfen können.

FOTO: PICTURE ALLIANCE / DPA / LEWIS WHYLD

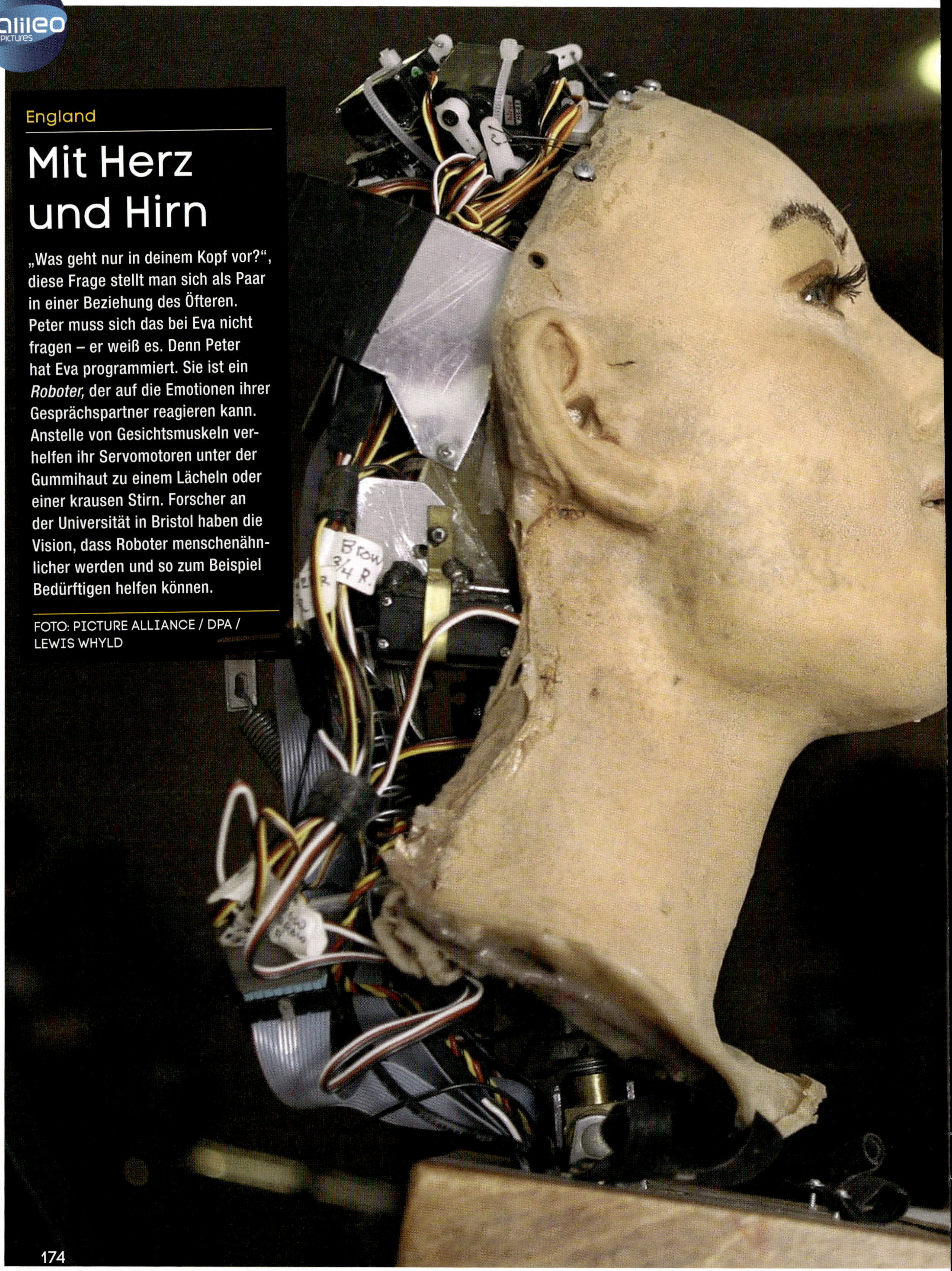

BEDEUTENDE ZEITZEUGEN

Österreich

Mann aus dem Eis

Ötzi ist über 5.000 Jahre alt. Das sieht man ihm auch an. Am 19. September 1991 findet der Bergsteiger *Helmut Simon* die Mumie auf 3.200 Höhenmeter. Eine dicke Schneedecke ist unterhalb eines Gipfels in den Ötztaler Alpen abgetaut und gibt den Leichnam preis. Die Untersuchungen ergeben, dass Ötzi 33 Jahrhunderte vor Christus in der Jungsteinzeit lebte. Sein durch die Kälte gut konservierter Körper gibt Aufschluss über die damalige Lebensweise. Natürlich rankt sich auch ein Mythos um die Mumie. Zehn Monate nach seiner Ausgrabung sterben kurz nacheinander sechs Menschen, die direkt mit Ötzi zu tun hatten.

FOTO: PICTURE ALLIANCE / EPD / HELMUT SIMON

Schottland

Hello Dolly

Ein Porträt des berühmtesten Schafs der Welt: 6LL3, Spitzname *Dolly*, läutet das Klonzeitalter ein. 1996 wird der erste Klon eines Säugetieres in der Nähe von Edinburgh der Öffentlichkeit präsentiert. Dolly hat drei Mütter – und keinen Vater. Das genetische Material des ersten Schafs wurde der Eizelle des zweiten Schafs zugefügt, die dann dem dritten Schaf eingepflanzt wurde. Damit ist Dolly die identische genetische Kopie von Schaf Nummer 1. Leider stirbt Dolly mit nur sieben Jahren. Das Klonen führt vermutlich zu einer schnelleren Zellalterung, die Tiere sterben daher früher. Deshalb ist das Klonen von Menschen auch 20 Jahre nach Dolly kein Thema.

FOTO: CORBIS / REMI BENALI

USA

Sitzender Protest

Im Jahr 1955 herrscht in den USA strikte Rassentrennung. Schwarze werden wie Menschen zweiter Klasse behandelt und müssen im Bus aufstehen, wenn ein Weißer sich hinsetzen möchte. Die Afroamerikanerin *Rosa Parks* bleibt eines Tages im Bus einfach sitzen und wird deshalb verhaftet und eingesperrt. Und so sehen wir eine für uns ganz alltägliche Situation, die damals mutig, revolutionär und vielleicht lebensgefährlich ist. Dieser Moment gilt als Initialzündung für die größte Bürgerrechtsbewegung in den USA, deren Führer Martin Luther King wird und als deren Folge die Rassentrennungsgesetze in den USA allmählich aufgehoben werden.

FOTO: PICTURE ALLIANCE / AP PHOTO

Frankreich

Zweigeteilt mit Stil

Mit so wenig Stoff hat sich bis dahin noch nie jemand auf den Laufsteg getraut. Als am 5. Juli 1946 in Paris der *Bikini* präsentiert wird, müssen die Veranstalter die Stripteasetänzerin *Micheline Bernardini* anheuern. Alle anderen Models weigern sich, das skandalöse Kleidungsstück zu tragen. Mit der prominenten Hilfe von Sexsymbolen wie Brigitte Bardot oder dem Bondgirl Ursula Andress wird der Bikini dann immer beliebter. Die zweiteilige Minimalverhüllung passt übrigens in die winzige Schachtel, welche Micheline Bernardini in der Hand hält. Seinen Namen erhält der Bikini nach einem Atoll im Pazifischen Ozean.

FOTO: GETTY IMAGES / KEYSTONE

Kuba

Che für alle

Der Kubaner *Alberto Korda* schießt eines der berühmtesten Fotos der Welt: Der entschlossene Blick *Che Guevaras* während einer Trauerfeier im Jahr 1960 wird zum allgemeinen Kulturgut und gleichzeitig Symbol für Gerechtigkeit und den Traum von einer besseren Welt. Millionenfach abgedruckt auf Fahnen, T-Shirts, Tassen und Postern. Dabei hat sich zunächst niemand für das Bild interessiert. Korda schenkt es daher einem befreundeten Verleger. Erst nach Ches Tod 1967 wird es publik. Der Fotograf verdient jedoch nie auch nur einen Cent daran.

FOTO: PICTURE ALLIANCE / DPA / ADALBERTO ROQUE

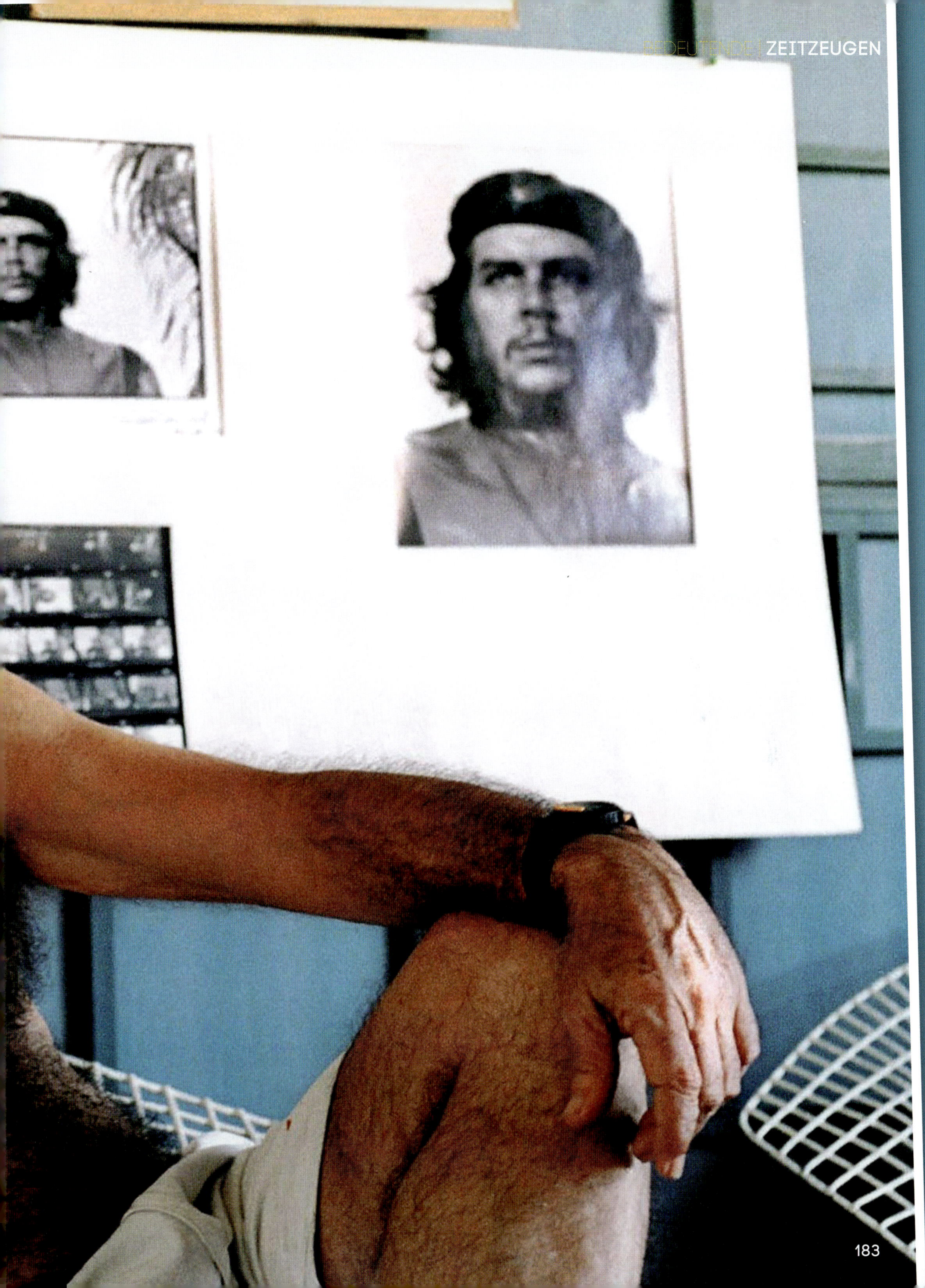

USA

Love and peace

Für *Nick und Bobby Ercoline* wird aus dem Summer of Love von 1969 ein Life of love. Auch 40 Jahre nach der Aufnahme dieses Fotos sind sie immer noch glücklich verheiratet. Es entsteht während des berühmten *Woodstock-Festivals,* das übrigens wegen des Protests der Anwohner gar nicht in Woodstock, sondern im 80 Kilometer entfernten Bethel stattfindet. Das Foto wird zum Sinnbild einer ganzen Generation. Über 500.000 Menschen feiern auf dem Festival ihren Traum von einer besseren Welt, Liebe, Frieden und Rock 'n' Roll.

FOTO: PICTURE ALLIANCE / AKG

Belgien

Oh Tannenbaum

Das Fest der Liebe wird an vielen Orten der Welt gefeiert. Der wohl ungewöhnlichste ist ein Schützengraben in Belgien im ersten Winter des *Ersten Weltkriegs* im Dezember 1914. Die Soldaten sehnen sich nach einem Stück Heimat, und so schickt die Obere Heeresleitung kleine Weihnachtsbäume an die Front. 100 Meter vom britischen Feind entfernt zünden die deutschen Soldaten bei Einbruch der Dunkelheit die Kerzen an und singen Weihnachtslieder. Der Befehlshaber der Briten reagiert mit einem spontanen Waffenstillstand. Auch am nächsten Morgen dauert dieser noch an, und beide Seiten beerdigen gemeinsam ihre gefallenen Kameraden. Am nächsten Tag wird der Waffenstillstand aufgehoben und bis Kriegsende 1918 nie wiederholt. Das Aufbäumen der Soldaten gegen die Sinnlosigkeit des Krieges an Heiligabend geht als Weihnachtsfrieden von 1914 in die Geschichte ein.

FOTO: GETTY IMAGES / HULTON ARCHIVE / FPG

Großbritannien

Ein Blick sagt mehr...

Dieses Foto steht wie kein anderes für eine der tragischsten Liebesgeschichten des letzten Jahrhunderts. Prinz Charles darf die von ihm geliebte *Camilla Parker Bowles* nicht heiraten, sondern nimmt stattdessen die junge und naive *Diana Spencer* zur Frau. Diese liebt den Prinzen ihrerseits sehr und ist zutiefst verletzt, als sie nach der Hochzeit hinter die grausame Wahrheit kommt. „Diese Ehe war ein bisschen überfüllt", so sagt sie einst. Jeder weiß, wie die Geschichte endete. In Lady Dis Blick auf diesem Foto jedenfalls liegt ihr ganzer Hass auf die Frau an ihrer Seite.

FOTO: GETTY IMAGES / EXPRESS NEWSPAPERS

Weltall

Auf kosmischer Mission

Eine *goldene Schallplatte* fliegt als kosmische Flaschenpost durchs All. Befestigt an der Außenseite der *Voyager-Raumsonde* und ausgestattet mit einem Laserabspielsystem und einer Bedienungsanleitung in binären Codes wartet sie darauf, von fremden Lebewesen im All abgespielt zu werden. Verschickt wurde sie von der NASA, um im Fall einer extraterrestrischen Begegnung die Erde zu repräsentieren. Auf ihr findet sich eine Begrüßung in 55 ausgewählten irdischen Sprachen, eine Variation der besten Menschheitsmusik sowie 159 bunte Bilder der Erde, die einen Eindruck von unserem Wesen und Leben vermitteln sollen.

FOTO: WIKIPEDIA / NASA

Uruguay

El Presidentes Hütte

Überall auf der Welt bewohnen Staatspräsidenten repräsentative Paläste. Nicht so der uruguayische Präsident *José Mujica,* vom Volk liebevoll „El Pepe" genannt. Er lebt auch nach seiner Wahl 2009 mit Frau und seiner dreibeinigen Hündin in einem alten Landhaus bei Montevideo. Dem 79-jährigen ehemaligen Guerillakämpfer ist Prunk und Besitz einfach nicht so wichtig. Er füttert weiterhin seine Hühner und züchtet Blumen, statt Staatskarosse fährt er VW-Käfer. Auch während seiner Amtszeit begnügt er sich mit 700 Euro pro Monat, die restlichen 10.000 Euro seines Präsidentengehalts spendet er. Trotz seiner Beliebtheit kandidiert er 2014 nicht noch einmal, und so ist der Präsidentenpalast seit März 2015 wieder vom neuen Präsidenten Tabaré Vázquez bewohnt.

FOTO: GETTY IMAGES / AFP / MARIO GOLDMAN

Deutschland

Geprägt fürs Leben

Was aussieht wie eine Einkaufsliste für ein ganzes Jahr, hat in Wirklichkeit weit mehr Brisanz. Die fast 20 Meter lange Liste ist eng beschrieben mit 21.000 verschiedenen Codes. Es sind Registriernummern von Geldscheinen, und die Liste ist Zeuge eines Rekord-Lösegeldes. Am 14. Dezember 1976 entführt *Dieter Zlof Richard Oetker,* den jüngsten Sohn der Pudding-Familie. Der Täter sperrt den fast zwei Meter großen Studenten in eine 1,45 Meter lange und 80 Zentimeter breite Kiste. Aufgrund eines darin verlegten perfiden Foltersystems wird Oetker so verletzt, dass er lebenslang gehbehindert bleibt. Zlof wird zwei Jahre später verhaftet und zu 15 Jahren Gefängnis verurteilt. Das Geld kommt jedoch erst 1997 wieder zum Vorschein, als Zlof einen Teil der Scheine umtauschen will. Die Registriernummern auf der Liste haben zur vollständigen Aufklärung des Verbrechens geführt.

FOTO: PICTURE ALLIANCE / DPA